가슴에 맴도는 그리움

서초구립양재노인종합복지관 사화집

가슴에 맴도는 그리움

서초구립양재노인종합복지관 사화집

밀레

국립중앙도서관 출판예정도서목록(CIP)

가슴에 맴도는 그리움 : 서초구립양재노인종합복지관 사화집 / 지은이: 서초구립양재노인종합복지관, 강두원 외 10명. -- 서울 : 밀레, 2016
p. ; cm

ISBN 978-89-97815-14-2 03810 : ₩12000

한국 현대 문학[韓國現代文學]
문집[文集]

810.82-KDC6
895.708-DDC23 CIP2016024145

서문

복지관 강의를 시작한지도 벌써 12년이란 세월이 지났다.

매회 마다 발행하는 어르신들의 작품에서 너무도 큰 충격적인 삶의 회환을 느낀다. 육신과 정신의 연령이 다르며 생각과 뜻의 정점이 이토록 다름을 새삼 느낀다.

오늘날의 세상은 100세 시대라고 한다. 그러나 우리 어르신들의 세대는 100세 시대가 아니라 천 년, 만 년의 시대가 아닌가 생각한다.

항상 젊게 사시면서 젊은이다운 발상과 사고의 관념으로 생활하시며 평생에 느꼈던 생각들을 한 편 한 편 글로 표현하는 작품들의 수준이 과히 세기를 넘나드는 작품들이라고 할 수 있기 때문이다.

참으로 자랑스럽다.

그리고 존경스럽다.

금년에도 전국 문학작품 공모전에서 우리 문학반 어르신들이 장원과 차하로 당선되어 세상을 놀라게 했다.

어찌 장하지 않겠는가.

그간 준비된 작품들을 모아 일 년의 결산을 정리하면서 또 한 번의 자긍심을 갖는다.

후세들에게 귀감이 되는 어르신들의 열정과 사고에 대한 관념이 영원한 빛으로 거듭나길 기원해 본다.

2016년 10월

지도교수 정 찬 우

축시 • 화려한 외출

곱게 물든 갈잎 사이로
은빛 억새들의 화려한 자태가
바람의 물결로 들려올 즈음

가을볕에 익어간 성숙된
갖가지 먹이 사슬들이
글감으로 목을 꿰어 찬란히 빛나더니

깃털을 세운 둥지속의
크낙새 되어
세상을 향한 비행준비를 마치고
화려한 외출을 꿈꾸고 있다

세상의 빛이
지상의 영광이 모여든
양재노인종합복지관의 문우들
또 하나의 새로운 역사의 꽃을 피웠나니
만수무궁 빛나소서
거룩한 빛으로 길이길이 영광누리소서

지도교수　정찬우

축사 • 풍성한 가을햇살 보다 더 반가운 詩集

구름 한 점 없는 날
답답함이 저며 올 때 무작정 밖으로 나서 봅니다.
그리고 가을 햇살을 만나게 됩니다.

가을 햇살이 지나간 자리에 서면 벼가 익어가는 냄새와 함께 나이 드신 어머님의 냄새를 맡게 됩니다.

어머니! 그 영원한 노스탤지어(鄕愁)에 젖게 됩니다.

올 해도 가을햇살과 함께 오신 詩集을 맞이하면서 설레는 마음으로 詩와 함께하는 여행을 꿈꿔 봅니다.

이런
詩作여행의 길잡이가 되게 해주신
정찬우 선생님의 지칠 줄 모르시는 詩사랑과 弟子사랑
다시 한 번 감사드리며 그 노고에 존경의 머리를 숙입니다.

앞으로도
회원同人님들의 설레는 詩作여행을 기다리겠습니다.
멋진 여러분을 응원합니다.

양재동 관장실에서
서초구립양재노인종합복지관장 윤호종

목차

김옥

박관섭

오문옥

윤희로

이문옥

이순자

장영배

조영자

최전교

강 두 원

시 : 세상사 · 소쩍새 · 양재천의 봄

수필 : 가난에 찌든 삶의 터전 · 희비의 존재 · 삼복더위

- 서울 서초구 양재천로 9길 22
- HP. 017. 277. 4181

세상사

해와 달이 둥글 듯
우주의 천체가 그렇고
지구 또한 그러하니

인간사 만사가 그렇고 그렇게
둥글게 살아가는 것

크고 작고, 잘나고 못남도
하나이듯이
섞이고 섞이어 둥글게 돌아가는 것

굴렁쇠도 세상도
멈춰 서면은
원심을 잃고서 넘어지는 것

한 세상 살아가는 우리들의 인생사
너도 좋고 나도 좋게
구르고 구르면서 둥글게 살아감이
멋진 인생 행복함이 아닌가

소쩍새

천마산 기슭 외진 곳에
박연폭포 쏟아지고
물보라 무지개가 꽃피어나면
소쩍 소쩍 슬피 우는 나그네

슬픔인지 그리움인지
가슴을 토해내는
구슬픈 나그네의 한(恨)

지척을 옆에 두고 밤새껏 울어대니
목인들 안 쉬었겠느냐
너 만이 아닌 우리들의 애간장
녹아서 흐르기 전
너라도 그쳐다오

네 마음이 내 마음인데
어찌 모르겠느냐
네가 울면 내 가슴엔 피가 쏟아지는 구나

양재천의 봄

실바람 불어 불어
하늘을 날으니
양재천 꽃구름
물오리 되어 흐르네

흐르는 가지마다
꽃구름 나부껴 흐드러지니
저것이 무릉도원
이곳이 천국인 걸

어이타 이곳에 자리한
내 삶의 터전인가
흐르는 맑은 물
그 속에 노니는 고기들의 삶터

꽃피고 새우는 양재천 뒤안길엔
몸도 마음도 내려놓고 쉬어가는 곳
지천의 친구가 이렇게 좋을 줄
내 마음의 동반자 생의 반려자여

가난에 찌든 삶의 터전

황해도 연백군 도촌면 괴암리 영암동의 농촌 마을에서 조상대대로 땅 한 평 없는 가난뱅이 가문에서 태어나 굶기를 밥 먹 듯하며 자랐다. 먹고 입는 것 자체가 사치인 생활 속에서 할아버지는 남의 집 농사일을 거들어 주는 일로 가족들은 연명을 하고 살았다.

일제 침략기를 살아온 우리 조상들의 모두가 어렵고 힘든 생활이었지만 우리 가문은 유독 가난에 찌들어 힘겨운 생활을 하였단다. 그런 가정환경 속에서 아버지는 학교는커녕 서당 문턱에도 가보지 못하고 서당골 모퉁이에서 등짐을 지며 장난스런 삶을 살았단다.

같은 또래 아이들이 서당에서 배운 것을 흥얼거릴 때면 옆에서 어깨 너머로 따라 중얼거리며 사서삼경을 독파하곤 했었다. 이렇게 익힌 학문의 경지가 가련했던가. 서당의 훈장으로 부터 가끔씩 칭찬이 잦아들자 학식 있는 어른들과 자주 어울리며 시경에 빠져들곤 하였단다.

그 무렵 어린 아이가 사시삼경은 물론 시작도 뛰어나며 웅변과 달변으로 주위의 시선을 끓어 모으며 신동이란 별칭까지 얻었었다. 총명한 재주를 가진 아이가 어느덧 장성하여 장가를 든 후 가족의 생계를 위하여 약장사로 전국 방방곡곡을 돌아다니며 방랑객 생활을 하셨다.

아내와 자식을 둔 가장은 1년에 고작 한두 번 집에 들려 생활비를 건너 주고는 또 다시 방랑의 길을 떠나시곤 하였다. 모처럼 집에 오신 아버지는 어깨너머로 배운 학식과 방랑생활에서 보고 듣고 했던 식견들로 풍부한 재담가다운 모습으로 좌중을 주도하시고 있었다.

그럴 때 마다 동구 밖의 정자는 인산인해를 이룰 만큼 많은 사람들이 모여 아버지의 말을 경청하느라 분주한 모습들이었다. 아버지 나이 서른 살 때에 황해도 해주를 지나가는데 마을 정자에서 노인들이 모여 시를 낭송하며 음주를 즐기고 있었단다.

시를 읊는 소리에 귀가 번쩍 띄어 잠시 쉬어갈 겸 정자 밑 그늘에 앉아 있는데 한 노인이 "주중불언 진군자요, 재산분명 대장부라" 하며 술 한 잔하고 이렇게 시끄럽게 말이 많은가 조용히 하라는 뜻으로 이야기를 하드란다.

그때 아버지는 그 노인에게 "주중불언 진군자요는 술을 마시고 말을 안 하는 것이 군자라는 뜻이 아니고, 술 먹고는 참 군자를 말 할 수 없다는 뜻이지요. 어른 말씀대로라면 술 먹은 벙어리만 군자란 말인가요, 술 먹으면 다 말이 많으니 군자가 될 수 없다는 뜻이지요" 하고 말하니 노인이 갑자기 내려와 손을 잡아끌고 정자 안으로 데려가더란다. 그러면서 하는 말이 "자네 어디에서 배웠는가"하고 묻더란다.

그 말끝에 그렇게도 해석할 수 있기에 어르신과 술 한 잔하며 담론하고파 그리하였으니 용서해 달라고 하였더니 아니야 아니야 하며 며칠 간 정중한 환대도 받고 약도 팔아주더란다.

이처럼 아버지는 배움은 없었으나 재치와 해학이 넘치는 분이셨다. 뿐만 아니라 일제시절에 연백군 일대에 연백 수리조합이 만들어진 이후 연백평야는 황무지에서 비옥한 옥토로 변하게 되었다.

그때 아버지께서는 평소에 알고 지내던 개성 부자들을 설득하여 연백평야 일대에 땅을 사게 하였다. 부자들은 돈이 있어 땅을 샀으나 어떻게 관리할 줄을 몰라 자연스럽게 아버지가 마름이라고 하는 땅 관리인이 되었다.

그로부터 아버지는 지주 아닌 주지의 행세를 하며 비로소 빈곤에서 벗어날 수 있게 되었다. 이렇게 형성된 재산을 밑바탕삼아 광산업인 금광사업을 하게 되었으며 일제 말기에는 고물상도 하시는 등 재산이 늘어나 가세가 풍성해질 수 있었다.

그때쯤 8.15해방으로 38도선을 기준으로 남북이 갈라짐에 따라 연백수리조합의 저수지는 이북에 위치하고 연백평야는 이남에 위치함으로서 이북에서 저수지의 물을 공급해 주지 않으면 연백평야는 또다시 황무지가 될 수밖에 없었다.

백성들의 삶이 남과 북의 정치적 이념의 갈등으로 기름진 평야가 황무지가 되어 버려질 무렵 남한 정부의 농민 대표로 아버지가 지명되어 이북의 관리들을 설득시켜 연백저수지의 물을 공급받아 풍작을 이루는 쾌거를 이루기도 하셨다. 그러나 불행하게도 이북에서 발진티부스라는 전염병에 감염이 되어 52세의 젊은 나이로 세상을 떠나시고 말았다.

희비의 존재

세월의 흐름은 세상의 변화로 이루어지는 것이 아닌가 싶다. 옛날 옛적엔 남존여비사상으로 남성우월과 여성하위의 세상이 존재하던 시절이 있었다.

옛날이라고 해봐야 고작 50~60여 년 전 이야기이다. 그야말로 이조시대의 유물로 양반과 상민이 존재하던 시절의 이야기이다.

그러나 어찌하랴. 우리 사회의 근대적 모습이었으니 말이다.

내가 결혼하여 가정을 꾸린 시절에도 아들을 선호하며 딸을 천시 여기는 시대였으니 말이다. 나와 아내 사이에는 1남 5녀를 낳았으나 워낙 부부관계가 좋은 탓이었는지 어느 날 막내 아이를 임신했다.

아내와 나는 하나 밖에 없는 아들의 형제를 만들어줄 겸 은근히 아들 낳기를 기대하며 온갖 정성을 다하였다. 어쩜 임신 10개월이란 시간이 그리도 기나긴 시간이었다.

병원도 마음껏 다닐 수 있는 여건과 환경이 아닌 시대였기에 집에서 출산을 한다거나 고작 조산원을 찾아 출신하는 것이 고작이었다. 그나마 다행인 것이 수사서기관이란 직업을 가지고 검찰에 근무함으로서 경제적 여건이 좋아 조산원에서 막내를 출산하게 되었다.

그토록 고대하며 기다린 아들은 온대간대 없고 웬 딸이 나와 "응애 응애"를 울프며 울어대고 있었다. 야속하리만치 실망스런 생각이 들었으나 아내에게 실망을 줄까봐 내색도 못하고 있는데 아내는 역시 커다란 실망으로 마음에 상처를 입기도 했었다.

그 마음의 상처가 훗날 산후조리의 부주의로 심장판막증이라는 병을 앓고 말았다. 병원에서 의사의 소견서를 받는 순간 세상이 무너져 내린 충격과 좌절감으로 앞을 볼 수가 없었을 뿐만 아니라 다리가 후들후들 떨려 걸음을 걸을 수가 없었다.

극도의 좌절과 상실감에 나 자신도 모르게 하나님!

울부짖고 있었다. "하나님! 저 어린 생명이 걸을 수 있게 단 1년만이라도 아내의 생명을 연장시켜 주세요" 하며 간절한 기도를 하였다.

역시 인간처럼 나약한 동물은 없는 것 같았다. 하나님이 무엇이며 종교가 무엇인지도 모르고 살아 온 인생인데 워낙 급한 상황과 궁지에 몰리니 저절로 하나님을 찾게 되니 말이다.

이후 막내로 태어난 딸은 엄마의 젖도 제대로 먹지를 못하고 천덕꾸러기로 자랄 수밖에 없었다. 아들이었다면 아내의 병상에서도 젖을 먹고 귀여움을 독차지하며 자랐을 텐데 딸이란 이유만으로 귀여움은커녕 온갖 괄시를 받고 아내의 병수발에 밀려 소외 아니 소외된 채로 자랄 수밖에 없었다.

그런데 이게 웬일인지 모르게 아내의 병은 눈 녹듯이 호전되고 막내딸은 언니들의 도움으로 건강하게 자라 주었다. 6.25전쟁 이후 홀연 단신으로 남한 땅에 내려와 고생 끝에 아내를 얻고 1남 5녀를 둔 나에겐 참으로 기적 같은 행운이 존재하고 있었다.

자녀들 모두가 순탄하게 자라 명실상부한 일류대학을 다 졸업하고 어엿한 직장에서 자기 몫을 다하고 열심히 살고 있으니 이 또한 나와 아내의 복이 아닌가. 뿐만 아니라 아내 병 역시 완쾌되어 90이 가깝게 살고 있으니 천운이 나에게만 온 것 같아 하나님께 감사하는 마음으로 살고 있다.

이런 감사함 속에 행운에 행운을 낚고 있는 우리 부부는 아홉 명의 손자 손녀와 증손자까지 있으며 천덕꾸러기로 자란 막내딸이 우리 노부부를 극진히 모시며 함께 살고 있으니 이 행복을 어찌 표현함이 좋을지 그저 감사할 따름이다.

그 감사함이 곧 하나님의 뜻이 아닌가 싶어 우리가족 모두는 하나님을 정성껏 믿으며 감사와 봉사의 마음으로 일생을 살아가고 있다.

삼복더위

사시사철 새벽 5시면 잠에서 깨어난다. 비가 오나 눈이 오나 추우나 더우나 그 시간이면 어김없이 찾아 나선 곳이 있다. 집 앞의 양재천이다.

거기엔 노인이며 젊은이며 어린 아이들까지도 나와서 가벼운 운동을 하고 있는 곳이다. 다행이 구청에서 많은 예산을 드려 각종 운동기구도 설치해 주어 수많은 주민들이 나와 즐기는 공간이기도 하다.

이렇게 가벼운 운동이 끝나면 나무 밑의 벤치에 앉아 이것저것을 생각하며 묵상에 잠길 때면 어김없이 찾아든 생각이 있다. 잃어버렸던 고향 생각이며 어머님과 동생들의 얼굴이 주마등처럼 스치고 지나간다.

아무리 잊으려하지만 문득문득 찾아든 상념에 가슴 뭉클한 추억이 연기처럼 피어났다 사라지곤 한다. 이른 아침마다 마주치는 이웃들이 있어 서로가 인사를 나누며 오순도순 이야기꽃을 피울 수 있어 그다지 외로움은 없다.

오늘도 마주친 노인들이며 젊은이들의 인사를 받고 어린이들의 재롱도 들여다보며 한껏 웃음을 터뜨리고 자리를 일어선다. 앞산을 넘어 오는 여명이 서서히 어스름 빛으로 찾아들 즈음 양재천에는 생명이 움트듯 새벽을 깨우는 무리들이 있다.

졸졸 흐르는 개천에 새벽잠에서 깨어난 크고 작은 물고기들이 먹이 사냥을 하느라 분주한 모습들을 본다. 그뿐인가 새들도 질세라 잠에서 깨어 여기저기를 분주히 나르면 먹이를 쫓고 있다.

그런데 우리 집엔 아직도 어멈이며 손자며 아내까지도 잠에 흠뻑 빠져있다. 어쩜 우리 집 식구들이 가장 세상을 게을리 살고 있지 않나 싶어진다.

이렇게 산책을 하고 집에 들어와 샤워를 하고 신문을 보고 뉴스를 듣는다. 며칠 전에는 39.8도라는 120년 만에 찾아온 더위라고 하드니 오늘도 35도라고 한다.

찌는 듯한 무더위와 열대야 때문에 집안에 앉아 있을 수도 없고 잠을 청할 수도 없다. 금년처럼 더위가 기승을 부릴 때는 겨울도 혹독한 추위가 온다는 옛 얘기처럼 돌아오지도 않는 겨울의 걱정이 앞선다.

아직도 청춘이라고 으스대며 살고 있으나 어쩔 수 없는 늙은이요 노인네가 다 되었나보다. 오늘은 몸보신을 위하여 막내아이에게 삼계탕이나 해달라고 해야겠다.

김 도 원

수필 : 나의 생각 · 자서전 쓰기
몽산포(夢山浦) 사랑 · 가을이 오는 창가에서

• 서울 서초구 샘마을 1길 4호(내곡동)
• HP. 010-7235-2926

나의 생각

나의 '생각'은 연령에 따라 그 내용이 바뀌어 왔다. 일곱 살 때 동네 한문서당에 강제로 끌려 들어가기 전까지는 소꿉동무들과 그날그날 먹고 뛰노는 생각뿐이었다.

아무런 근심 없이 그저 '즐거운 생각'만 했다. 그때는 그 동무들과 아지랑이 봄날에는 보리피리도 불었고 무더운 여름날에는 물장구도 쳤다.

무지개를 잡아본다고 산에 기어오르기도 했다. 생각하면 그때가 내생애중 가장 행복했던 때인 것 같다. 그러다가 태평양전쟁이 한창이던 1943년에 입학통지서가 나왔다.

초등학교에 취학한 후로는 처음 보게 되는 일본인 선생님이 무섭고 형들의 매가 두렵기만 했다. 그래서 오로지 공부를 열심히 해서 좋은 상급학교에 진학해야겠다는 생각만을 했다.

당시는 전쟁을 힘겹게 치루는 일본의 통제 하에 있었으니까 초등학교교육도 흡사 군 병영처럼 혹독했다. 공부이외에는 다른 생각을 할 환경이 아니었다.

그러다가 8.15해방이 되자 초등학교에도 갑자기 자유화의 바람이 불어 닥쳤다. 마음에 여유가 생겨서인지 나도 좀 이상한 생각을 갖게 되었다.

지금 와서 회상해보니 내생애중 '가장 아름다운 생각'이었다. 그 당시 나의 생각을 다시 회상해 본다. 그리고 솔직한 표현으로 재생해 본다. 나의 바보 같은 아픈 고백이다.

…… 내가 초등학교 5~6학년에 다니던 때의 일이다. 나보다 2년 후배인 박영희(朴英姬)라는 좀 활달한 여자아이가 학교운동장에서 저희 동무끼리 힘차게 고무줄뛰기를 하는 모습이 나의 눈에 잡혔다. 순간 나는 황홀했다. 아무도 모르게 모든 것을 다 주고 싶었다.

그런데 영희는 학교에서 좀처럼 마주칠 수가 없었다. 가까이 본 것은 내가 학교 우물에서 타뢰박으로 물을 퍼 올리던 때 한번뿐이다. 그러자니 나는 영희가 사는 마을의 하늘만을 바라보곤 했다. 나는 이렇게 나 혼자서 영희를 애타게 생각만하다가 그 초등학교를 졸업한 후 지금껏 단 한 번도 그를 만나보지 못했다. 형들이 무서워 감히 나의 간절한 생각을 그 누구에게도 알릴수가 없었다.

당연히 '슬픈 생각'만으로 끝나고 말았다. 공연한 회상 같지만 불행하게도 이것은 나의 인생 삼대실패의 첫 번째 대목이다. 만일에 나도 남들처럼 아버지가 계셨다면 죽기 살기로 영희를 한번 만나보았을 것이다. 아니면 최소한 한 장의 편지라도 보냈을 것이다. 지금도 후회하고 있다. 따지고 보면 나의 뼈저린 실패는 모두가 아버지께서 일찍 돌아가셨기 때문으로 생각되어진다. 아버지를 보지 못한 나의 애절한 마음 지금도 지울 수가 없다. ……

그 후로는 돈도 없고 시간도 없어 '여자 생각'은 감히 꿈도 꿀 수가 없었다. 실로 믿겨지지 않는 무미한 학창시절을 마감했다.

학우들이 영화 본 이야기를 하면 나는 슬그머니 그 장소를 빠져나오곤 했다. '누구를 위하여 종을 울리나' '지상에서 영원으로'.... 등등 내가 학교 다닐 때 귀 막히게 보고 싶었던 영화들이다.

친구들과 극장에 들어가자면 호주머니에 빵 값이라도 있어야 하지 않겠는가! 학업을 마치고 직장에 들어 간 후로는 오로지 '진급해야 하겠다는 각박한 생각'뿐이었다.

모든 법정공휴일은 스스로 모두 반납하고 출근했으니 과잉충성의 극치가 아니겠는가. 아무리 혈기가 충만했어도 사람이었기에 최소한의 '부끄러운 생각'은 버리지 말았어야 했는데... 그때는 그 '진급' 때문에 아무것도 보이지 않았다.

오죽했으면 내가 떠난 직장사람들로부터 '정신이 좀 어떻게 된 사람'이란 평가까지 받았겠는가. 이제는 그 직장을 고만 둔지도 벌써 28년. 어언 80대 중반에 접어들었다. 세칭 양재 대학원대학 '8학년 2반'의 학생이 되고 말았다.

교수님의 훌륭한 말씀을 놓칠세라 열심히 경청해서 노트에 빼곡히 기록해둔다. 언제 다시 활용해보겠다는 기약도 없다.

노트정리 자체가 행복한 시간이기 때문이다. 희망적이고 욕망적인 생각은 사라진지 오래다. 남보다 잘 살아보겠다는 생각도, 돈을 벌어야 하겠다는 생각도 모두 없어졌다.

"돈이 없으면 없는 대로 살면 된다"는 것이 어느덧 나의 생활철학이 되고 말았다. 더욱이 퇴직한 후로는 젊었을 때의 그 '진학' '진급' 등 경쟁심리가 없어졌으니 마음만은 무척 편안하다.

게다가 요즘 들어서는 법정(法頂)스님의 무소유(無所有)철학이 나의 생활을 더욱 편안하게 해준다. 자식들도 제각각 먹을 것을 찾아서 내 곁을 모두 떠나버렸으니 이제는 제대로 공부 좀 해보고 싶은 심정이다.

다만 나의 여생이 얼마 안 남았으니 '인생미결의 마무리에 관한 생각' 때문에 나는 요즘 하루가 아깝고 초조하기만 하다.

요즘 내가 공을 들이고 있는 나의 작은 생각 두 가지만 여기에 실리고자한다. '잘못된 생각'이라고 지적해도 어쩔 수 없다.

자서전 쓰기

나의 인생미결은 선영정화(先塋淨化)를 비롯해서 아직도 많이 남아 있다. 그 중에서도 빨리 마무리해야 할 일은 역시 '나의 자서전' 작성이다. 그리고 내가 못 배운 인문학도 배워야할 중요미결이다. 생을 마감하는 날까지 열심히 배우고 싶다.

다행히 나는 지난해(2015)에 한국상담대학원대학에 입학해서 자서전작성교육을 받았다. 덕분에 자서전의 줄거리는 대충 엮어 놓았다. 내가 이루어 놓은 업적이 별로 없으니 나의 자서전 내용 역시 초라하다. 내가 자란 옛날 사회 이야기에다 후손에게 꼭 남겨주고 싶은 뼈아픈 몇 가지의 실패담 그리고 유언 몇 마디로 얽어져있다.

시시한 내용이지만 나는 밤샘도 해가며 나름대로 열심히 썼기 때문에 식구 어느 누구라도 읽어보아 주었으면 하는 생각으로 책상위에 놓았다. 그러나 이제껏 본 식구는 아무도 없는 것 같다. 나도 보지 않다가 엊그제 시간이 있어 이것을 다시 읽어보니 역시 엉성했다. 읽어보기를 기대한 것이 과욕이었다. 정정하고 보충해야할 곳이 많았다.

우선 내가 작성한 문장인데도 읽기가 지루했고 넣을만한 에피소드조차도 빠뜨려 아쉬움이 많았다. 거의 다시 작성한다는 마음가짐으로 작업을 해야만 하겠다. 가장 큰 문제는 나의 작문실력 부족이다.

이를 보충하기 위해 지난 7월부터 정찬우 교수님께서 지도해주시는 문예창작 반에 들어갔다. 정 교수님께서는 지금껏 결강은 고사하고 단 1분의 지각도 없이 열강을 해주셨다. 교수님은 모든 수강생이 제출한 문장(시와 수필)을 댁으로 가져 가셔서 하나하나를 모조리

점검 수정해주신다. 다음 시간에 이를 가지고 토론수업을 해주신다.

이러니 내가 어떻게 결석을 하겠는가. 나는 강의내용이 아까워서 한 번의 결석도 없이 수강했다. 결과는 나타났다. 나는 문장작성능력은 물론 인문학까지도 큰 진전을 보고 있다.

이제는 작년에 작성한 자서전을 보완하는 작업을 해야만 하겠는데 작업장소가 마땅치 않다. 내가 시골로 내려가든지 아니면 wife가 청주 딸집에 몇 주간만 가 있으면 될 것 같다. 나의 현재 주거지인 내곡동도 조용은 한데 펜을 잡으면 웬일인지 불안해 생각이 잘 떠오르지 않고 연결되지도 않는다.

wife의 자서전 인식이 나와 현격한 차이를 보이고 있기 때문이다. wife는 자서전이란 사회적으로 입신양명한 명사만이 문장가를 자기 집안으로 불러들여 자기업적을 구술(口述)해서 작성한다고 주장하고 있다. 가끔 나의 집에 오는 작은 딸도 엄마편이다.

"아빠 그 연세에 자서전은 무슨 자서전이야! 내가 국문학과 4학년 학생 구해 올게 '알바 돈'이나 준비해 놓고 계셔요. 자서전 쓸 시간이 있으시면 차라리 골프나 치러 가세요."

아무리 농담이지만 그 말속에는 진의도 담겨 있어 섭섭한 생각이 든다. '수고 하셨어요'란 가짜 인사도 못해주는 모녀의 지적수준이 개탄스럽다. 나는 그렇지 않다고 반박한다. 나는 나의 업적보다는 내가 살아온 사회적 변화(역사성)를 사실대로 정확하게 기록 전수하는 데에 자서전의 의미가 있다고 강조한다.

'아무리 화려한 역사 유적이라도 공부를 해서 역사를 깨우친 사람만이 아는 만큼 이해할 수 있는 것이 바로 유학과 무학의 차이다.'라는 말로 wife와의 쓸데없는 입씨름을 끝내고 만다. '자서전(自敍傳)'이란 반드시 자기가 쓰는 글이다.

남이 써주면 그것이 아무리 미문여사로 작성된 책이라 한들 '타서전(他敍傳)'이지 어떻게 자서전이 되겠는가. 요즘 자서전에 대한 잘못된 인식이 나 같은 천학한 사람을 현혹하고 있다. 세태의 탓인가. 답답한 심정이다.

몽산포(夢山浦) 사랑

몽산포!

서해안 태안반도 해상국립공원 안에 있는 한가한 어촌이다. 바로 아래에 우리나라 최대 최장의 백사장을 갖고 있는 몽산포해수욕장이 있다. 내가 직장에 들어가서 처음으로 출장간 곳이기도 하다. 그래서인지 나는 지금도 몽산포 해수욕장을 첫 사랑처럼 잊지 못하고 있다.

나는 해마다 여름휴가에는 몽산포 해수욕장을 반드시 찾아 간다. 30년 넘게 해오는 나의 유일한 여름 힐링 행사이기도 하다. 그러나 작년과 재작년에는 못 갔다. wife의 병간호 때문이었다. 그래서 올해에는 어떠한 일이 생기더라도 꼭 가야만 한다. 2박 3일이면 족하다. 7월 13일~7월 15일로 날짜를 잡아 놓았다가 불가피한 일 때문에 8월 3일~5일로 늦추었다.

그 때가 바닷물이 가장 많이 빠지기 때문에 조개를 많이 잡을 수도 있다. 나 혼자서 배낭을 짊어지고 남부터미널에서 버스타고 간다. 펜스민박이다. 나를 반겨주시며 어떤 때는 간첩으로도 의심 하셨던 그 할머니는 4~5년 전에 이미 세상을 떠나셨단다. 쓸쓸하지만 가야만 한다. 가서 조개와 맛도 잡고 청포대 쪽으로 내려가서 나체목욕도 해야 한다. 모래찜도 하고... 해수욕장이 워낙 넓다보니 사람이 없는 곳이 너무 많다. 사람이 없는 곳에서의 나체목욕이 무슨 죄가 되겠는가.

당신은 왜 하필 물이 깨끗하지 못한 몽산포냐고 주변사람의 불만의 소리도 크다. 특히 wife의 불만이다. 맞는 말이다. 그러나 몽산포

해수욕장은 다른 해수욕장에는 없는 다음과 같은 특징을 지니고 있다.

▸전국 해수욕장 중에서 바닷물이 가장 따뜻하다. 수심도 가장 얕다. 윈 종일 물속에 들어가서 수영을 해도 춥지 않고 안전하다. 마치 목욕탕의 온수탕에 들어간 것처럼 따뜻하고 포근하다. 해수욕장은 짠 바다물속에 들어가기 위해서 일부러 가는 곳이 아닌가. 사람의 체질에 따라 다르겠지만 고령인 나의 경우 강릉이나 부산 해운대해수욕장에서는 물속에서 단 5분 버티기가 힘들다. 몽산포 수질은 동해안만큼 맑지 않지만 그토록 탁하지도 않다.

▸가장 넓고 긴 백사장을 갖고 있다. 족구 배구 축구도 한다. 자동차도 달리고 경비행기도 이착륙한다. 동죽 대합과 맛도 많이 잡히고 있다.

▸전국에서 가장 울창한 푸른 솔밭에서 젊은이들이 텐트를 치고 낭만을 즐기고 있다.

나는 올해에 '때 이른 5월 여름'이 찾아왔기 때문에 이미 몽산포 생각으로 몽산포 healing을 만끽하고 있다.

가을이 오는 창가에서
— 어머니 그리워

무심코 창밖을 내다보니 짙푸르게 우거진 감나무 가지위로 파란하늘이 높게 쳐다보인다. 연일 내려쬐이는 불볕더위에도 감나무 잎은 더욱 검푸르고 윤기가 흐르는 것 같기만 하다. 가지에 납작 매달린 땡감들은 제법 살이 차올라서 가을맞이 모습을 드러내고 있다.

새봄이 오면 꽃이 피고 가을이 되면 곡식과 과일이 익어가는 것은 해마다 되풀이 되는 자연현상이 아닌가.

그러나 나는 이른 봄 아직도 겨울눈이 남아있는 담장을 노랗게 수놓아주는 개나리꽃이나 따사로운 가을햇살을 받아가며 묵직이 익어가는 감을 쳐다보노라면 어릴 적 고향마을의 정경도 회상되지만 무엇보다도 돌아가신 어머니가 새삼 그리워진다.

불행하게도 어머니는 철저한 '완전문맹'이셨다. 그러나 기이하게도 문에 감각은 특출하셨다. 첫개나리꽃을 보시면 반드시 작은 가지 하나를 꺾어 손녀머리에 꽂아주곤 하셨다. 그리고 어머니 나름의 상춘시(賞春詩)를 읊으셨다.

어느덧 가을되어 노래진 감을 보시곤 화살같은 세월의 무정함을 원망하시는 영탄시(詠嘆詩)도 혼자 중얼거리신다. 노래도 매우 좋아하셨다. 유독 내가 부르는 김삿갓의 '방랑삼천리' 가사를 특별히 좋아하셨다. 돌이켜보면 어머니는 당대의 '문맹풍류객'이셨다.

— 나이 80을 훌쩍 넘겼는데 무슨 어머니 생각이 그토록 간절해… 낯간지럽지도 않나…

— 그대 말이 백번 옳다. 대꾸하지 않겠다. 그러나 부끄럽지는 않다. 떠오르는 어머니의 모습을 깨끗한 A4용지에 글자로 그려서 보관해 두어야 하겠다. 그리고 아무도 없을 때 아무도 모르게 나 혼자만 읽겠노라.

〈어머니의 약력〉

▸어머니의 성함은 장선향(張善鄕) 관향은 안동(安東)이시다.

호적부에는 장선경(張善卿) 관향은 인동(仁同)이시다. 면 호적 담당자의 착오 때문이다.

▸1898년에 출생 1998년에 돌아가셨다(향년 99세).

▸1912년 14세 되던 해에 친정부모의 강제로 아버지(김관제(金寬濟), 20세)와 결혼하셨다.

〈시집가던 날은 온 동리가 울음바다〉

어머니는 시집가던 그날도 감나무 밑에서 또래 동무들과 즐겁게 놀고 있었다. 그런데 집안어른들이 갑자기 나타나 어머니를 붙들어 가마 속에 강제로 떠밀어 넣고 가마 문을 밖에서 열쇠로 잠갔다. 어머니를 태운 가마는 쏜살같이 동구 밖을 빠져나갔다.

어머니는 무서워서 "어머니! 아버지! 나 좀 살려달라며 목 놓아 울었다. 어머니 우는 소리가 온 동리를 메아리쳤다. 가마가 안 보일 때까지 동생들도 울고 동리사람들도 모두 울었다.

〈먹을 것이 없으면 숟가락 줄여야〉

나는 어머니로부터 이 슬픈 시집이야기를 여러 번 들었고 녹음해 지금껏 보관하고 있다. 강제로 시집온 어머니가 너무나 불쌍했다.

외할아버지가 너무 가혹하셨다. 그러나 어머니는 외할아버지가 무슨 까닭으로 어머니를 강제로 시집보내셨는지에 관해서는 철저히 함구하신 채 돌아가셨다.

어머니께서는 친정 부모님에 대한 효심이 각별하셨다. 어머니 자존심상 친정의 가난은 말씀하지 않으셨다. 내가 추측하기로는 아마도 외조부께서 식구는 많은데 먹을 식량이 없으니까 궁여지책으로 '숟가락 줄이기 시책'을 궁리한 나머지 우선 첫딸(어머니)을 치워버린 것으로 생각되어진다.

어머니는 그 가마 속에서 얼마나 눈물을 흘리셨을까. 엄마 아빠와 어린 동생들이 얼마나 보고 싶었을까. 그 오두막집에 얼마나 가고 싶었을까. 지금 나까지도 가슴이 답답하고 눈이 안보여 타자가 안된다. 어머니의 험난한 일생은 이때부터 시작되었다.

하루 종일 달려온 가마에서 내린 어머니는 모두가 무섭기만 했다. 시집은 대가족으로 식구가 열 명이나 되었다. 친정이 부자인 큰 동서와 시누이들이 어리고 철없는 어머니를 얼마나 하대하고 조롱했을까. 어머니는 멍청해져서 산에 돌을 잘못 건드려 대대로 내려오는 간장독을 깨버렸다. 어머니는 얼마나 주눅이 들었을까.

시집 온지 6년이 지나자 어머니 나이 스무 살에 첫 임신하시자 할아버지는 새집을 지어 분가시켰다. 새집에 가셔서 첫아들을 낳으셨다. 35세가 되자 5남 1여를 두셨다. 내가 막내이다. 내가 태어 난지 3개월이 되자 아버지께서 돌아가셨다. 그때 어머니 연세는 36세이셨다.

어머니는 아버지 돌아가신 후 99세까지 63년 사시는 동안 농사일이나 어려운 육체노동은 안하셨다. 그러나 가슴을 도려내는 마음고생은 이 세상 그 어느 누구보다도 많으셨다. 외동사위 → 둘째아들

→ 큰아들 순으로 어머니 가슴에 화약을 묻고 세상을 떠났기 때문이다. 끝내 어머니는 시력을 잃어 장님 생활을 하시다 돌아가셨다.

〈나 또한 불효자〉

나 또한 어머니를 편안하게 모시지 못했다. 첫째는 잘 다니던 유망한 직장을 나 스스로 포기했고 둘째는 내 부주의로 내가 교통사고를 당했기 때문이다.

직장생활이란 누구나 쉽지 않은 일인데 유독 나는 직장에서 골치 아픈 일이 터질 때마다 만만한 아내에게 고통을 푸념했다. '못 다니겠다' '직장 그만 두겠다'는 막말까지 내뱉었다. 한 방안에서 기거하셨던 어머니가 들으시고 얼마나 마음이 아프셨을까. 결국 내 나이 41세에 산하기관 스카우트를 거절하지 못하고 → 모두가 기대했던 직장을 스스로 포기했으니 어머니는 얼마나 낙담을 하셨을까.

게다가 어느 해 연말 나는 망년회 과음으로 건널목에서 군 승용차에 치이고 말았다. 곧장 입원했으니 집에 못 들어갔다. 그날 밤 어머니는 대문 밖에서 쪼그리고 앉아 다음날 해가 뜰 때 까지 나를 기다리셨단다. 그 후로도 어머니는 매일 밤 대문 밖에서 나를 기다리셨단다. 며느리의 자세한 설명은 일을 감추기 위한 거짓말이라며 듣지도 않으신 채 식음을 포기하셨단다. 한 달쯤 지났는데 어머니께서 갑자기 병원(노량진 제일병원)에 나타나셨다. '너 살아 있었구나!' 하시며 하염없이 눈물만 흘리셨다. 어머니는 곧 일어나시더니 '이제는 서울이 싫다'하시며 곧장 시골 자기 집으로 내려가셨다.

그 때를 생각하며 가슴을 치고 땅도 쳐본다. 참을성이 없고 인품이 모자라 불효했던 나 자신을 평생 원망할 것이다.

〈어리석은 듯 현명하셨던 어머니의 처세〉

앞에서 이미 밝혔지만 어머니는 낫 놓고 'ㄱ'자도 모르셨다. 며느리가 'ㄱㄴㄷㄹ…'을 몇 번 시도해보았으나 여자는 '식자가 우환'이라며 단호히 거절하셨다.

어머니는 배우지 못해 무식함으로 남과 다투면 백전백패 할 것으로 스스로 간파하고 계셨기 때문에 평생 남의 일에 끼어들지 않으셨다. 그러니 남과 다툴 일이 생기지 않았다. 아들과 며느리가 아무리 잘못하더라도 시종 함구다. 그렇다보니 '줏대 없는 어른'으로 폄하하는 사람도 분명 있었으리라. 그러나 어머니 품속에서 자란 나는 어머니 성품을 누구보다 잘 알고 있기 때문에 어머니가 그런 "나약하고 줏대 없어 이리 붙고 저리 붙는 분"이 결코 아니라고 극구 항변하곤 한다.

어머니께서 평소 나에게 해주신 말씀이나 처신모습을 보면 어머니 나름의 기막힌 처세철학에 놀라지 않을 수 없다.

※말씀 ① "이 세상사람 중 흠결 없는 사람은 하나도 없다. 그렇다고 자기흠결을 스스로 알고 있는 사람도 하나도 없다"

※말씀 ② 무더운 여름날 안마당과 지붕 처마에 검은 구렁이 누런 구렁이가 여러 마리 뒤엉켜 있었다. 식구 들은 무서워 모두 피신했다. 그러나 어머니는 구렁이에 다가가 두 손을 싹싹 비비면서 "점잖은 짐승(?)이 왜 이 못난 인간 눈에 나타나셨나요. 빨리 들어가 주시요"하며 빌면 구렁이들은 어디론가 자취를 감추곤 했다.

이밖에도 생명체를 외경(畏敬)하시는 좋은 말씀 많다. 모두가 나를 놀라게 한 경구(警句)들이다. 나의 평생 좌우명이 되었다.

김 옥

시 : 개구리 · 노인의 푸념 · 겉표지 · 글 맛 · 나그네
언제 오시려나 · 나그네 생각 · 홀로임의 즐거움 · 살다보면
수필 : 용돈의 즐거움

- 서울 중구 소공로 46번지 남산 쌍용플래티넘 B동 801호
- HP. 010. 6486. 1153

개구리

동면에서 깨어난 개구리
졸졸 흐르는 시냇가에 나와
헤엄을 친다

겨우내 웅크렸던 삭신이 결리나
한 발 한 발 움직여도
제 자리를 맴돌며

옹알이로 개굴개굴
아빠 개구리 엄마 개구리
가족들 모두 나와
와글와글 개굴개굴
밤새껏 울어 댄다

숲이며 처마며 가리지 않고
봄소식 전하며
왁자지껄 수다를 떨고 있다

노인의 푸념

중얼 중얼
혼자 말이 쉴 세 없이 쏟아져
주거니 받기를 반복 한다

알아듣지 못한
어눌해져가는
노인들의 언어 탐방
구시렁 구시렁

한 잔 술에 두 세 마디
두 잔 술에 반복된 언어들
둘레길 올레길
오고가는 명상뿐

오며 가며 꾸며댄
말 아닌 말들
희뿌연 연기처럼
어머니의 잔소리가 어렴풋이 들려온다

겉표지

화려함 속엔
알 수 없는 슬픔과 고뇌가 있고
들어낼 수 없는 비애와 비밀이 있듯

형체가 있는 것엔
포장을 하듯
생각과 뜻에도
속과 겉의 구분에 따른 한계가 있다

생각엔 기쁨과 슬픔
고뇌와 희열이 있듯

속을 드러내지 않는 것과
속을 드러내지 못하는 것도 있듯

생각과 마음에도
포장과 비포장이 필요한 것

글 맛

독서엔
각자의 취향에 따른 방법이 있듯

정독, 다독, 속독
눈으로 가슴으로 소리로 읽지만

느낌과 감명은 하나가 아니듯
글의 맛 역시 다름을 느낀다

탁한 글은 탁한 맛
맑은 글은 신선한 맛

지혜의 영양에 한계가 있나니
밝음을 좇아 맛을 느낌이 어떠한가

나그네

나그네
집이 없어 먹을 것이 없어
떠도는 게 아닐 게다

삶이 고달파 지식이 곯아
얻기를 작정한 외로운 길
보따리 하나 등에 매면 세상은 내 것인걸

가는 곳마다
먹고 자는 걱정 없어
왕 팔자가 내 것인걸

세상인심 넘어 보며
죽고 삶이 하나인 것을
행, 불행의 의미가 마음속에 있는 것

언제 오시려나

생(生)에 바람이 불어
삶을 엮고 꿈을 깨워 주던 님

젊음과 청춘이
푸르른 꽃향기로 세상을 날더니만
세월의 무상함에
날개 꺾인 새가 될 줄

세상의 약속 다 들어준다는
화려한 말만 남기고 가버린 님
이제는 지키셔야죠

언제쯤 오시려나
아지랑이 꽃필 때
뻐꾹새 울음 따라
뒹굴던 낙엽 밟고
동지섣달 긴긴 밤에
하얀 눈 즈려밟고
오시려나요

나그네 생각

생(生)과 사(死)의 길을 건너
삶에 찌든 나그네 길

하염없는 일상의 길
오늘도 구걸의 길 떠난다

가는 곳마다 찌든 삶
먹어도 먹어도 허기진 인생사

그들 위한 봉사와 사랑의 씨앗 뿌려 온
아버지
덤으로 덤으로 더 주어라
더 주어라 외치시던 그 모습

이제 그 뒤를 이어가는
나의 일상에
감사의 기도를 드립니다

홀로임의 즐거움

인생사
기대고 의지하며
더불어 사는 것이라지만

언젠가
홀로된 인생사
앞도 뒤도 없던 깜깜한 세상

뒤늦게 터득한
홀로임의 자유
홀로임 즐거움

흐트러지고 무너져도
구속받지 않는 즐거움
삶의 환희가 아닌가

살다보면

세상 살다보면
즐겁기도 슬프기도 하나
생각과 생각의 차이로
천상과 지상을 오르내린다

세상 살다보면
사랑에 빠져 허우적대던 그 시절
죽고 살고,
살고 죽고를 넘나든 때

세상 살다보면
결혼의 행복 출산의 행복으로
나와 그이 닮은 천사를 미소를 만나던 날

세상 살다보면
날 낳아 길러주신 부모님과의 이별
천상에서 행복을 기원하나
내 곁에 없는 쓸쓸함과 안타까움

세상은 그런 것인가 보다

용돈의 즐거움

일주일에 단 한 번의 외출을 하는 날이다. 새털같이 많은 날들 중에 유독 그날이 기다리는 날이다. 양재노인복지관에 문학수업을 들으러 가는 날이다. 한때는 일주일 내내 목요일 그날만을 기다리며 지루한 시간들을 보내기도 했다.

왜냐고 묻는다면, 답은 하나다.

첫째는 문학반 동료 어르신들과 즐거운 시간을 보낼 수 있어서 좋다. 둘째는 문학에 대한 열정과 사랑과 봉사의 정신이 투철한 선생님이 좋아서다.

한 생을 살아오면서 잊었던 문학에 대한 꿈을 뒤늦게나마 배울 수 있다는 즐거움이 좋다. 뿐만 아니라 급변해가는 세상사의 흐름과 삶의 좌표를 듣고 느낄 수 있어서 더더욱 즐겁다.

오늘도 예쁜 옷으로 단장하고 연지곤지 찍고서 방문을 열고 나선다. 딸에게 "엄마 예쁘니" 하고 물으니 "우리 엄마 최고야, 너무 멋진데"를 연발하며 웃어댄다. "엄마 친구들과 맛있는 것도 사먹고 즐겁게 놀다와 이건 까까 값이야 한다" 그러면서 오만 원 짜리 두 장을 핸드백에서 커내 준다.

참으로 오랜만에 들어본 말이다. 내 어린 시절에 아버지께서 항상 용돈을 주면서 하셨던 말이다.

듣기만 해도 정겨운 말, 까까.

그렇다 용돈으로 받은 까까 값으로 사먹었던 눈깔사탕은 볼이 찢어질 만큼 컸다. 한 입에 넣고 빨아 먹다 보면 하루가 금방 갔다. 그런데 이상한 것은 사탕을 다 먹고 나면 뭔가 허전하고 다른 즐거움이 없었다.

그런데 먹고 싶은 사탕을 안 사먹고 돈으로 가지고 있으면 몇 날 며칠이 그렇게 즐겁고 행복할 수가 없었다. 돈을 가진 즐거움이랄까. 돈이 무엇인지도 모르는 그 어린 시기에도 아빠에게 받은 용돈의 위력은 그렇게 커보였다.

그랬던 시기가 엊그제 같은데 이제 칠순이 넘어 딸에게 용돈을 받아 보니 그 어릴 적 시절이 주마등처럼 비춰진다. 오늘은 복지관에서 어르신들과 맛있는 점심도 사 먹고 어릴 적 추억도 나누고 싶다.

박 관 섭

시 : 비 내리는 창가에서 · 혼자라는 것 · 어머니
자화상 · 도시의 방랑자 · 무적자(無籍者) · 분단의 벽

• 서울 서초구 논현로 31길 24-14 드림팰리스 102동 401호
• HP. 010. 6420. 6954

비 내리는 창가에서

아련한 옛 추억이
한줄기 빗속에 살며시 묻어나
창문을 타고 내려온다

청춘이 달아올라 몸부림치던 그 시절
무서울 것도 두려울 것도 없이
오직 하나만을 위해 허둥대던
그 어리석음들

세월이 약이 되어
가로의 지평을 밟고
세로의 좌표를 잊고 산 날들

주룩주룩 흐르는 빗줄기 속에
달콤하고도 아련한
그 시절의 향이 피어나드니
어느새 눈시울 적시는 상념만 흐르고 있다

혼자라는 것

별빛에 쓰며든 쓸쓸함과
칠흑의 어둠에 처절히 유린당한 외로움은
어쩜 전생에 하나였나 보다

눈을 떠도 보이지 않고
귀를 열어도 들리지 않는
허한 마음
사방이 혼자만의 공간이다

생각나 그려본 모습은 떠오르나
다가갈 수도 잡을 수도 없는
허공의 잔상

애써 드러내지 않으려는
혼자만의 몸부림
아, 그리운 임이여

어머니

그리움으로 적셔든
어린 시절의 모정(母情)
푸르름으로만 기억되는데

둥지 속의 어린 제비처럼
한없이 받기만 했던 모정의 세월
오순도순 행복했던 시절은
어느덧 지나가고

세월이 낙엽 되어 떨어지고 나니
되돌릴 수 없는 허한 마음
그립다 그리워한들
돌아올 수 없는 그 이름

희미한 그림자라도 떠올라
내 곁에 서 준다면
영원을 기약하는 소망이라도 안기련만

자화상

철부지 유년을 지나
삶을 알아갈 즈음
쫓기는 사슴처럼 숨 가쁘게 달려온 세월

피눈물 흘리며 땀으로 얼룩져 멍든
내 몰골의 형상
신열(身熱)로 말리며 쌓아 온 탑

이제 여백(餘白)의 가슴에
긴 한숨을 더듬어야 할 시간
허나 긴긴 생(生)을 들춰 나를 조명하는

아, 유년의 눈망울과
무서리 휘날리는 노후의 그림자가
왠지 모른 쓸쓸함으로 다가선 오후

도시의 방랑자

꿈을 낚기 위한 젊음이
불현듯 찾아온 도회(都會)의 생활

낭만도 여유도 없는 삶의 시간들
세월에 발목 잡혀
방랑자가 되었다

이정표(里程標) 없는 존재의 가치에
잊으려하는 사람들로부터
잊혀지지 않으려고
밤을 낮 삼아 살았건만

도회의 미로에서 아직도 서성거려야 하는
작은 눈의 촉수(燭數)는
마음의 길을 향해 오늘도 가야만 하는
도심의 방랑자

무적자(無籍者)

세상사
우연이고 필연이며
만나고 헤어짐이 삶의 이치라지만

괴로움과 슬픔
부딪치는 모든 것 미움이었지만
스치고 지나가면 모두가 그리움인 걸

가까이 있는 꽃향기 느끼지 못하고
멀리 있는 천상의 꽃만 바라보다가
눈멀고 귀먹어 방황을 자초하나

옆에 있는 모든 것 외면치 말고
가까이 서있는 진리의 눈 크게 뜨면서
방황하는 이 마음 거두어 가소서

분단의 벽

혈육의 정 함께 느끼며
피붙이로 살아 온 한 많은 세월

어찌하여 갈라선
임진강의 푸른 물
넘지 못하고
만고의 죄인 되어 이런 삶을 살 수 있는가

말이 있어도 말 못하는 인고의 세월
허리 잘린 조국의 품이 한으로 서려
신음하는 아픔이여

언젠가 다가올 그날을 위해
인내로 얼룩진 가슴을 열어
통한의 그날을 새겨 보자나

오 문 옥

시 : 묵상 · 시의 바다 · 물의 이야기 · 낙서 1 · 낙서 2
이렇게 살고 싶다 · 애국의 성녀 · 그곳엔 · 시가 있는 음악
되풀이 인생 · 산다는 것은 · 일상의 친구
핸드폰 1 · 핸드폰 2 · 한강 · 하나 뿐인 세상
동그라미 · 능소화 · 찔레꽃 · 달맞이 길

• 서울 광진구 구의동 현대 프라임Ⓐ 7동 2902호
• HP. 010. 5255. 7707

묵상

하늘과 자연의 섭리 앞에
인간의 존엄을 생각한다

생명의 존귀함
참된 삶의 자태
깨우침과 뉘우침의 진리

생각과 생각의 차이로 빚은
생(生)의 철학
이 모두의 진리 앞에 순종하리니

순수와 정의
겸손과 감사의 깨달음을 아는
도구로 살아가게 하소서

시의 바다

반도의 중심 서울엔
꽃피고 새우는 인왕산 남산 숲길 따라
청개천의 맑은 꿈길이 있고
골자기 가지마다엔
시어들이 나부껴 춤을 춘다

빌딩숲 사이사이엔
줄을 잇는 인성들이 난무하여
무채색과 유채색의 정체모른 질서가 판을 친다

그럼에도
꽃잎으로 바람으로
훨훨 지평을 이루는 문화의 거리마다
시심이 동맥을 이뤄 흐르고

오천만의 가슴엔
사랑과 평화의 피돌기가 인산인해 되어
인류를 호흡하고 있다

물의 이야기

산소와 수소가 모여 만든
그릇에 따라 모양이 달라지는 요술쟁이
냇가에서 민물고기
바다에서 바닷고기가
논밭에서 파릇한 식물들이
마시고 자라며 살찌우는 물

인간과 동물에게
더더욱 없어선 안 될 필연의 물질
오늘도 나지막이 앉아
물의 이야기를 듣는다

언제나 어디서나
겸손의 자세로 낮게 몸을 움츠리는 너는
천상의 천사인가 보다

낙서 1

가슴이 시리도록 낙서를 한다
기쁨도 슬픔도
고통과 번민에도
알 수 없는 나만의 글을 쓴다

사랑이 그렇고 연민이 그렇듯이
그리움도 또한 추억으로 새겨
그리고 지우며 낙서 아닌 낙서로
시(詩)를 쓴다

가슴에 남아있는
마지막 한마디까지
토하고 토하며
무언의 정을 시로 쓴다

낙서 2

가슴에도 백지에도
낙서를 한다

글이 좋아서가 아니라
자유와 진실과 아름다움을 가꾸기 위한
나만의 가슴앓이다

믿음과 고통
상처와 후회의 한이
응어리져 내릴 땐
나도 모르는 무언의 낙서가
줄을 잇고 나온다

못다 한 욕망인지
홀로이 품어앉은 가슴의 상처인지
알 수 없으나
토하고 토하며 낙서를 한다

이렇게 살고 싶다

꽃동산 앞세워
향으로 피어난
봄을 살고 싶고

쪽빛 파도의 포말 따라
요트에 몸을 실어
여름을 날고 싶다

코스모스 길 따라
국화 향에 취해
임과 함께 걷고 싶고

펑펑 쏟아지는 눈꽃을 맞으며
강아지처럼
맨발로 날고 싶다

하여,
내 삶이 이렇게 아름다운 빛으로
피어나고 싶다

애국의 성녀
— 조신성 여사를 추모하며

광복의 그 날을 가슴에 새긴 암울한 시대에
숫처녀의 치마폭엔 무궁화가 펄럭이고
삼천만 영혼의 민족정기 앞세워
태극기 흔들던 그 장엄한 성녀

선혈의 뜻 받으려 가사를 바쳐 군자금을 만들어
독립투사 찾아 나선 조국의 잔다크
대륙과 반도를 종횡으로 날면서
목청껏 외쳐대던
대한조국만세 대한독립만세

일경에 붙들려 감옥을 내 집 삼아 드나들며
붉은 피 낭자한 의혈의 애국지사
암흑의 세계에 학문과 진리를 겸한
인성 교육의 선각자이신 그 임

충과 효의 근본 아래 애국을 부르짖던
심장의 고동소리가 내 가슴에 울릴진대
어이 그 날을,
그 옛날을 잊을 수 있단 말인가

오늘, 그 임을 기리기 위한
조국의 어머니
조국의 수호신이여
길이 굽어 살피소서
내 조국 내 민족의 영광을 위하여
대한의 독립을 부르짖던 그 날의 영광처럼

그곳엔

폭풍으로 쏟아지는 계곡엔
하얀 수염을 한 신령님이 있다

어머니의 품속 같고
아버지의 마음 같은
넓고도 깊은 산속

거기엔 묵향이 소리로 번져
문인화로 엮인 사군자며
시서화가 날개를 펄럭이며
하늘을 날고 있다

적막이 흐르고
바람이 사랑을 불러드려
꽃 둥지를 펴면
함박미소 가득한 하진담 스승의 목소리가
무릉도원의 벽을 넘는다

시가 있는 음악

문화의 정서가 예술이라면
감성의 정서 또한 예술일진대

리듬과 선율
율동과 박자 또한
그러하겠지

당신과 나의 섬광
빛으로 울림으로 떨림으로 다가선
이 마음
이 또한 그러하리니

시로 살고
음악으로 사는 인생
행복뿐이리

되풀이 인생
— 후회

시공의 세계엔
반복은 있되 되돌릴 수는 없듯
우리 인생 또한 그러하니
후회인들 무슨 소용 있겠는가

처음이 끝이 되고
끝이 처음인 듯
변함없는 삶을 살진데
지나고 난 후회를 어찌 돌릴까

초심을 위한 초심의 세계
초심으로만 살고 싶다

산다는 것은

삶을 산다는 건
인연이고 필연인가

만남과 헤어짐의 원리 또한
인연이고 필연이듯

연을 맺고 살아간다는 건
일생의 좌표를 결정하는 것

소중한 진리 앞에
은혜로움과 감사의 뜻 아로새겨봄이 어떠하리

일상의 친구

삶의 방식 다르듯
생활의 습관과 행동도 천차만별

주어진 일이 소진되면
어김없이 켜는 TV
그것도 모자라
음악이 흐르는 시낭송에 매료되어 하루를 산다

시가 있어 음악이 있고
시가 있어 낭송을 하듯
낭송을 위한 시와 음악을 쓰고 어우르는 시간

언제부턴가
일상의 친구가 되어버린
시심의 여백

핸드폰 1

어느 땐가 홀연히 나타나
세상을 놀래게 하드니

이제는 너 없으면
눈멀고 귀먹어 벙어리가 된 세상

온종일 너만을 의지한
무지(無智)한 인간들

전화도 TV도 컴퓨터도 아닌 것이
모두를 섭렵한 정보통이 되어
세상을 비웃듯 너만을 의지한다

핸드폰 2

둔탁한 망치로 등장한 존재
세월 지나 바뀌고 바뀌어
놀이 감이 되었네

앉으나 서나
너 없이는 살 수 없는
귀먹고 눈 먼 세상

세상의 모든 정보 너로부터 나오니
무능한 존재 인간의 세계는 이제 끝인가

기쁨인지 슬픔인지 알 수 없으나
너 없이 살 수 없는 비애의 삶

한강

반도의 젖줄로 흐르고 흘러
반만년 이어온 역사의 증인
민족정기 받드는 우리의 생명수

조국의 힘 여기서 흐르고 샘솟나니
팔천만 민족혼 꽃피고 가꾸자
대한의 얼 태극기로 휘날리자

한강 한강이여 세계의 주역으로 서서
오대양 육대주 흐르고 흘러
새 역사 창조로 인류의 평화 이루자

하나 뿐인 세상

세상 태어나
하나 뿐인 삶

사랑도 미움도 하나인 것을
뒤늦은 깨달음에 가슴 시리다

또 다른 세상
다시 태어난다면
후회 없이 살고파
지고지순 청순한 꽃이 되어
그대 곁에 피어나리

하나뿐인 사랑
고이고이 간직하고서
심장의 고동소리 멈출 때까지
그대 곁에 머물며 잠들고 싶네

동그라미

선과 선을 이으면 원이 되고
원과 원을 끊으면 선이 되듯
원의 끝을 펴면 선이 되는 진리

선을 따라 가고 가면
제자리로 돌아오는 건
원의 진리다

세상의 삶이 원이요
사람의 생각이 원인 것처럼
끝점을 찾아
둥글게 둥글게 살아감이
인생의 진리인가 한다

능소화

숨 가쁜 뙤약볕에
담장을 타고 오르는 저 기이한 삶
주홍빛 피를 토하며
나팔로 서있다

혼자서는 살 수 없는
남을 기대야만 생을 이룬
가련한 몸이지만
연모의 정은 깊고 깊어
사랑을 낚고 있다

비바람 엉클어진 날에도
제 몸을 기대고 손사래로 치는
바람의 꽃이다

찔레꽃

달빛 젖은 오솔길에
홀로이 서서
누굴 기다리는지

이슬 맺힌 얼굴로
하얀 이를 드러내며 방긋 웃는 너
예쁜 미소 꺾길까봐 늘어선 가시옷들

개울가의 벌 나비
네게로만 달려와
입 맞추고 뽀뽀하는
사랑의 여신이여

그 향기 그대로 조용히 날아와
울 엄마 젖가슴에 고개를 묻고
살포시한 그리움 띄워주지 않으렴

달맞이 길

아득한 수평선 따라
상행선 막차가 기적을 울릴 때 쯤
환히 비친 달빛 그림자

거기엔 언제나
내가 있고 그리움이 있었지
그 속을 거닐던 솔바람 소리엔
너를 동행한 백사장의 발자국

어스름한 바위섬 위로
흐르는 아리아의 선율
영원을 약속한 우리들의 길이였지

윤 희 로

시 : 빛살로 온 당신 · 꽃향기 하루 · 내 마음 전할 길 없어라
반지꽃 · 저녁노을 · 눈부신 5월 · 콜로라도 강에서
꽃향기 · 안개꽃 · 회상 · 푸르른 날에 · 사랑에게 · 햇내음
미워하지 않으리 · 팔월이 익는다 · 아름다운 사랑
나였으면 · 비가 내리면 · 지나가리 · 모두다 추억이야
고향 생각 · 빛과 그림자 · 비움의 서정

• 서울 강남구 일원동 샘터마을 107-404
• HP. 010. 9304. 6958

빛살로 온 당신

찬란한 햇살 속에
금빛 파도 타고 온 당신

밝고 맑은 함박웃음 지으며
한아름 꽃다발 안고
싱그러운 목소리로
내 곁에 왔어요

가을 하늘처럼 드높은 사랑
가득가득 채워 담고
살포시 다가선 당신은
나의 그리움

한 낮엔 따뜻한 미소
별밤엔 다정히 속삭여 주는
은하수로 반짝이며
내 곁에 왔어요

꽃향기 하루

태양이 내게로 온 날엔
가슴에 꽃향기 피어나는 하루였으면

잿빛 하늘이 내게 온 날엔
안개꽃에 파묻혀
살포시 미소 짓는 하루였으면

내 마음 사로잡는
그 님이 오시는 날엔
안개꽃 한 아름 안고 향기 가득한 하루였으면

일 년을 하루같이
그대 가슴에 꽃향기 뿌리며
무지갯빛 설렘의 시간들로 채워졌으면

내 마음 전할 길 없어라

파란 하늘에 두둥실 떠있는 정열의 화신
그대 가슴에 하트를 그려 날릴까

흰 구름 모아 모아
사랑이란 글 띄워 볼까

그대는 내 마음 알 리 없건만
내 마음 사로잡는 그대를
믿을 수밖에 없음은
필연이고 운명일까

스치는 바람에도
누워있는 들꽃에도
그대 향기뿐이니

이 마음 무엇에 띄워
그대에게 전할까

반지꽃

봄볕의 길가에 고개 숙여 앉아 있는
보랏빛 미소
길손마다 반가워 인사를 한다

누굴 위한 기도로
그리움을 토하는지
조용한 몸동작으로
바람을 사르고 있다

있는 듯 없는 듯
숨소리 죽여 가며
그님이 오길 기다리는
보랏빛 미소

너 있어
오늘도 행복의 꽃반지 만들어
그님에게 끼워줄래

저녁노을

붉게 타는 저녁노을
저리도 고운데
그 빛 함께할 이 어디 있는지

서산너머 지는 태양이 아쉬워
그리움이 횃불처럼
석양에 물드는데

못다 한 이야기 노을에 풀어놓고
아쉬운 정이라도 나누고 싶건만
어찌하여 얼굴만 붉히고 서 있느냐

노을빛 거두어 밤이 오면
그리움이 별이 되어 총총히 빛날 때
별빛일랑 모두 모아 한 아름 쓸어안고
가슴에 맴도는 그리움 전하리

눈부신 5월

청푸른 5월엔
기쁨과 웃음을 한아름 안고 달려가리

자줏빛 모란이 함박웃음으로
나를 반기면
언제나 찾아든 고향의 추억
아버지의 그리움
어머니의 사랑
형제들의 풋풋한 정들

모란이 지기 전
내 어릴 적 그리움의 향기에 젖어 젖어
한껏 취하고 싶다

콜로라도 강에서

속삭이던 물결 위엔
하얀 백사장
날개 펴고 날아든 수많은 발자국들

조용히 흐르는 명상 속에
그리움만 차곡차곡 쌓이네

지나가는 저 물새는
내 마음을 알았는지
은빛 날개 접고 내 곁에 서 있네

출렁이는 하얀 마음
미소로 그려 놓고
번져가는 그리움은 강가를 서성이네

꽃향기

그윽한 향기로
내 몸을 휘감고 다가선 당신
그대는 누구시나요

먼 곳으로부터
그리움의 꽃을 피워 날아든 당신
그대는 누구시나요

어찌, 어찌하여
내 가슴에 파문을 일으켜 세우는
달그림자의 당신
그대는 누구시나요

이 밤도 꽃향기에 갇혀버린
내 영혼의 그리움
그대는 진정 누구시나요

안개꽃

햇살로 피어낸 안개꽃다발
내 님 품에 안기고
곱디고운 사랑 얘기 풀어 헤치며
미소 뿌린 내 마음 보여줘야지

그리움도 한 아름 안개꽃에 담아서
님 가는 먼 길에 뿌려드리면
내 마음 헤아려 돌아오려나

가시는 걸음마다
수많은 사랑 이야기
솔바람에 날려 하늘에 펼쳐놓고
그리운 마음도 전해 왔으면

먼 먼 훗날 재회의 그날이 온다면
안개꽃 다 거두어
내 마음 그대로 가져다주오

회상

이슬 맺힌 꽃봉오리
내 젊음의 표상인가
아름다운 꽃 피우려 고고했던 그 시절
강물같이 흘러가고
백발의 낯선 얼굴 외로이 서있네

멋진 청춘 담으려고
동서남북 종횡무진 할 일도 많더니만
한가로운 구름 되어 외로이 흐르는가

먹구름 천둥번개 아랑곳 하지 않고
반듯한 걸음걸음 무서울 것 없더니만
청춘은 어느새 바람같이 지나가고
깊게 파인 주름살은 연륜만 그리네

미소 띤 입가에 그리움만 묻어나고
행복하고 복된 날들 추억으로 떠오르면
옛 추억에 얼굴 들어 함박웃음 지어보네

푸르른 날에

마음 밭에 하늘이 내려와 앉으면
맑고 깊은 호수가 되어
작은 쪽배에 원앙새 노니는
그곳은 파라다이스

푸르른 날의 밝은 태양은
무한한 사랑의 밀어 햇살로 내려오면
내 마음 둥근 달 되어
포근한 사랑 가슴 가득 받으리

별처럼 아름다운 그대의 사랑 이야기
출렁이는 은하수에 가득 채우고
그래도 못 다한 여운은
새벽달에 담아두리

먹구름이 푸른 하늘 가리워지면
마음 밭에 물감 뿌려 푸른 하늘 그리고
사랑 노래 부르며 영혼을 다짐하리

사랑에게
— 분신

내 사랑아
너희들의 웃음은
내 가슴에 활짝 피어난 해바라기
힘의 원천이며 삶의 근원이었지

너희들의 밝은 유머
해맑은 이야기는
세월을 거슬러온 행복이며 추억이었지

내게 힘이고 용기며
씩씩하고 반듯한 너희들의 모습
예쁘고 곱게 자란 꽃이며
든든한 울타리 큰 믿음이었지

이제
우리들의 뿌리 깊은 인연
고마움과 행복들
영원한 미소로 꽃 피어난
사랑만을 기억하자

햇내음

뙤약볕에 뿌려진
햇내음이 그리워

가슴속의 그리움도, 찌들은 추억도,
곰팡이 슨 서운함도 모두 꺼내어
햇내음 나도록 뽀송뽀송 말려야지

소박하고도 순수한 마음
밝고도 어두운 마음 끄집어내어
따가운 빛살로 다림질해야지

이렇게 완숙된 우정의 씨앗을
친구에게 띄워
햇내음 가득한 안부를 전하리

미워하지 않으리

스치는 바람으로 들어선 당신

그리움이 노여움 되어
눈물 흐른다 해도
미워하지 않으리

계절 따라 다른 모습
날 불러 세워도
나뭇잎 흔들리듯
가슴 문 열지 않으리

사랑도 미움도 세상사 일이거늘
헤어지는 인연에 미련두지 않으리

팔월이 익는다

탱글탱글 팔월이 익어간다
이글이글 타는 볕에
매미소리 원숙해 지고
옥수수도 여물어가는 팔월

산비둘기 눈독 드린 산머루는
속살을 채우며 아직은 덜 익었다고
까치에게 윙크 하네

지금쯤 고향집 우물가의
넝쿨진 청포도 송이는
알알이 살찌우며
팔월을 맞이하겠지

나도 팔월엔
무더위 푸념일랑 접고
포도송이 같은 건강을 위해
익어갈 준비를 해야지

아름다운 사랑

핵가족으로 이루어진
파괴된 인성의 시대에
꽃보다 아름다운
천사보다 더 어여쁜 천사를 보았다네

동화 속의 이야기로 살아 난
애틋한 정, 극진한 보살핌
지극정성의 효심이
하늘보다 높고 바다보다 깊네

애틋한 감격의 사랑 바라보며
내 가슴에 효심의 불 밝혔으나
되돌릴 수없는 부모님의 모습
안타까움에 눈시울이 뜨겁네

오늘의 세상에 이런
효(孝)와 도(道)와 덕(德)의 실천으로
만인의 존경인 마지막 남은
참 인간, 천의 사랑을 보았다네

주) 정찬우 시인의 효심에 감명되어 쓴 헌시

나였으면

그대 사색(思索)에 잠길 때
언제나 나만을 떠 올린다면

나 그대 마음에
달이 되고 별이 되어
그대 앞에 나서리

비 내리는 창가에 서서
보고 싶고 그리워하는 님이
나였으면

언제나 설레는 가슴으로
당신 가슴에 잊혀 지지 않는
별로 반짝이고

포근한 밤 꿈속에서
도란도란 별밤을 지새우며
웃음 깊게 맞이할 사람이
오직 나뿐 이였으면

비가 내리면

환한 미소의 채송화는
비가 좋을까

꽃씨 흘리는 맨드라미는
비가 좋아 고갤 들까

꽃 찾은 별 나비들
비가 내리면
예쁜 날개 접고 재미난 이야기로
수다에 빠져 있을까

비가 내리면 사랑하다 헤어진
그 사람은
무슨 생각에 무얼 하고 있을까

행여나
창 넘어 그리움 안고
누굴 생각할까

지나가리

사랑의 기쁨 가득해도 추억만 남고
이별의 슬픔 전율해도
희미한 그림자만 남으리

세상사 아픔과 고통의 힘든 일들
내게 머물러도
흐르고 지나가면 잊혀지리

세월이 약이 되듯
마음의 문이 열리고 닫히면
추억이고 여운인 것처럼
언젠가는 잊혀지고
이 또한 지나가리

삶의 요람(要覽)
깊게 깊게 반추(反芻)하며
지나감의 원리로
마음의 평정 찾아가리

모두다 추억이야

아름다운 추억은
기쁨보다 애잔함으로 밀려오고

슬픈 추억은
눈물보다 쓸쓸한 잔영으로 아려 오는데

기쁘거나 슬프거나 지나간 기억들은
아쉬움을 남긴 채
내 곁을 맴돌며 가슴을 출렁이게 한다

흘러간 모든 것들 마음 밭에 묻어두고
오직 내일만을 위해 훨훨 날아오르리

고향 생각

청맥(靑麥)이 바람을 가르며 달려와
내 가슴에 스미던 날
종달새와 뛰어 놀던 머나 먼 추억들

그곳엔 푸르름이 있었고
천등 지등 인등의 산마루가 있어
하늘과 땅과 사람이 하나 되어 살아가는 곳
별밤이 속삭이듯 유유히 흐르는 강줄기에
신립장군의 넋이 살아오듯
어릴 적 악동들이 너울너울 춤을 추던 곳

가슴이 열리고 눈이 번쩍이는 고향
자연의 섭리 푸르름의 원천인 거기엔
언제나 반겨주는 옛 친구들이 있지

빛과 그림자

희망의 빛이 자리한 곳엔
어느새 주름진 그림자 되어
나이테로 서 있고

날카롭던 가치관은
세월 속에 무디어진 칼날 되어
바람에 밀려가는 종이배

이제는
날 떠나려는 모든 것들 홀연히 놓아주어
집착하지 않으리

빛이 되고 그림자 되어
살아온 둥근 세월
삶이 주는 지혜이며
인성의 깊은 샘물이리니

비움의 서정

모으고 쌓아가며 탑을 이룬 세월
유무형의 형체들만 가득 안고
사십 성상 가꿔 온 삶의 파노라마

웃음꽃 한 아름지고 언덕을 오르며
인내 한 송이 욕심 한 다발 내려놓지 못하고
가슴 조이던 숱한 밤들

헝클어진 마음 퍼즐로 맞춰가며
가다듬어 온 한 많은 세월
마지막처럼 시작하는 담담한 이 마음

가슴에 품었던 수많은 사연들
하나 둘 다 내려놓고
허허로운 빈 가슴에
아름다운 웃음만 차곡차곡 담으리

이 문 옥

시 : 봄비 · 오색지대 · 낙엽을 밟으며
어제 오늘 그리고 내일 · 겨울이 가네 · 회한 · 밤 그림자
양재천의 하루 · 희망을 꿈꾸는 소리

• 서울 서초구 우면동 717 네이처힐Ⓐ 3단지 309동 705호
• HP. 010. 2653. 7298

봄비

온종일 내리던 비는
새벽까지도 그치지 않고
양재천 마른 풀숲에
마음껏 내려앉네

꽃샘추위마저도 녹아내리는
저 봄의 전령들
이 비가 그치면
따사로움 속에 새 생명이 움트겠지

희미한 가로등 불빛 아래
봉오리져 터질 듯 늘어선
개나리의 군무들

천변의 풀섶에도
냉이며 쑥이며 꽃다지들이
잠에서 깨어나 일어나겠지

오색지대

생이 돋는 봄볕 아래
망울져 터져 나온 온갖 생명들
황금빛 개나리며 매화빛 벚꽃이며
팝콘처럼 터져 나온 조팝나무 꽃들

풀숲을 덮는 냉이며 쑥이며
원추리, 민들레, 꽃다지 까지도
봄 내음 가득 싣고 군무를 이룬다

새 생명이 돋아난 그 자리엔
어김없이 찾아든 가족과 연인들이
삼삼오오 짝을 이룬
양재천의 풍경

낙엽을 밟으며

푸르른 빛 속에 세월을 낚고
오색찬란한 꽃단장 하더니만
어느새 한 잎 두 잎 낙엽으로 휘날리네

흩어져 쌓여간 낙엽의 거리엔
시몬의 낙엽 밟는 소리가
바스락 바스락
밤잠을 깨운다

스산하고 냉혹한 계절이 되면
뭇 생명의 이부자리 되어
몸을 불살라 생명의 젖줄이 되는
너는 화려한 인생

어제 오늘 그리고 내일

서릿발 흩어진 그날을 지나
냉혹한 눈발로 세상을 덮더니만
어느새 녹아내린 창밖의 화려함
이 시간이 지나면
무더위로 벗어던진 삶이 꽃피리

겨울이 가네

앙상한 가지엔 눈꽃이 피어
세상을 밝히더니
햇살에 녹아내린 그 곳엔
머지않아 망울망울 유두가 터지겠지

냉기서린 공원의 벤치며
갖가지 운동 기구들도
차가움에 떨고 서서 만질 수가 없는데
꽃피고 새우는 그 날이 오면
너도 나도 달려들어 몸살을 일으키겠지

시간이, 세월이
인생이 가는 길은
겨울이 지나가듯
흐르는 계절처럼 그렇게 지나겠지

회한

밝음만을 찾던 젊은 날의 초상
사랑에 목매던 빛바랜 세월들
어느새 식어버린 커피처럼
바래버린 추억들

씨앗만 남겨두고 떠나간 그 자리엔
청순하고 아리따운 두 딸의 흔적
당신이 주고 간 아름다운 열매라네

벤치에 앉아 있는
노부부의 다정한 모습이
우리가 그리고 그렸던
저 그림이었다네

밤 그림자

새벽녘 공원의 벤치에 앉아
구룡산을 바라보니
아직도 밤 그림자 드리워져 있네

아침을 깨우는 초췌한 그 모습
태양으로 떠올리면
저 어두운 그림자도 거두어 지겠지

빛으로 떠오른 생명의 원천들
밤 그림자에 가두어 버린 근심 걱정도
떠오른 태양 아래선
희망만 피어나겠지

양재천의 하루

어스름 새벽을 나서는 길에
들풀이며 나뭇잎들이
살랑살랑 손을 흔들며 인사를 한다

오늘도 행복한 하루를 보내라며
미소 짓는 사이로
이웃집 어른들의 정겨운 웃음과 함께
새벽 인사가 오간다

도심의 새벽을 일깨우는
이웃들의 정(情)
하루의 행복이 돋아나는
양재천의 새벽이다

맑은 공기 상쾌한 마음의 씨앗이
태양처럼 밝아오는 생동하는 삶
거기엔 언제나 마음의 고향
양재천의 후루가 있다

희망을 꿈꾸는 소리

하이얀 서리가 깔려있는
새벽길을 나설 때면
언제나 스산한 옷깃을 여미며
낙엽 길을 걷는다

촉촉한 감각의 여운들
무언가 하고 싶은 말이 많은 듯
다소곳한 모습이 가련해 보인다

되돌아오는 길엔
어느새 햇살이 내려와 있고
정겨움의 목소리와 웃음들이 활짝 피어
오가는 인사를 나눈다

거기엔 언제나
행복, 희망 그리고 꿈이 살아있어
살맛나는 인생의 길을 찾는다

이 순 자

시 : 들꽃

수필 : 옛날의 간식 · 말조심 · 효도(孝道) · 태교(胎敎)

맏손자 · 가족 모임 · 첫 인상 · 우리 남매 · 닭고기

• 서울 송파구 문정로 83 문정래미안Ⓐ 114동 1101호
• HP. 010. 6252. 6546

들꽃

내 이름은 들꽃
들판이며 비탈길이며
임자 없는 무덤가에서
외로움을 달래며 수줍게 피어난 몸

이름은 있어도 불러주지 않는
그저 풀꽃이란 이름

화려함도 예쁘지도 않고
향기마저 초라할지라도
조금도 부끄럽지 않는 자존심은 으뜸

질기고 싱그러운 생명력으로
햇살과 바람 사이를 오가며
순박하고 귀엽게 피어난 나약한 몸일지라도
꽃 중의 꽃이란 이름 없는 풀꽃

옛날의 간식

우리는 7남매가 오순도순 잘 자라왔다. 아버지는 공무원이셨기에 어머니는 규모 있게 살림을 근근이 잘 꾸려 가셨다. 그때는 일제 시대였으니까 모두 어렵게 살았다.

동네에 어머니 친구가 누룩으로 밀주를 만들어 파시면서 혼자 살고 계셨다. 술을 짠 찌꺼기는 재강이라 했다. 할머니는 그것을 우리 집으로 가져 오신다. 어머니는 거기에 사카린을 넣고 푹푹 끓이면 구수하고 시큼 달달하니 먹을 만했다. 그때는 설탕이 없었다. 그것은 유일한 간식거리였다.

가끔은 그 할머니가 끼니때 오신다. 우리들이 상에 둘러 앉아 밥을 먹으면 하도 맛있게 먹는다며 수저를 들고 상머리에 앉았다가 먹을 것이 없다고 그냥 수저를 놓고 물러나시곤 하셨다. 또 다른 간식이 있다. 통밀을 깨끗이 씻어 말려서 맷돌에 갈아 쑥을 좀 넣고 반죽을 하여 둥글게 만들어 손으로 꾹 누르면 손가락 자국이 난다.

그것을 찌면 개떡이 된다. 참 맛이 좋았다. 하루는 그것을 먹으면서 오빠가 하는 말 '어머니!' 덴노헤이까(일본의 천황)는 맨날 이런 것만 먹겠지? 했다. 나는 너무 웃음이 나왔다. 아무리 맛이 있어도 일본의 왕이 이런 것을 먹다니, 나는 뭐라 하려다 오빠가 무안해 할까봐 아무 말 없이 가만히 있었다.

내가 초등학교 입학하기 전이니까 일곱 살쯤이었고 오빠는 나 보다 네 살이 위였다. 어머니도 잠자코 계셨던 것은 나와 같은 마음이었을 것이다. 게다가 오빠는 어머니가 위로 딸을 넷을 낳고 다섯째로 낳은 아들이었으니 얼마나 귀한 아들이었을까? 맨 위의 두 딸은 세상을 먼저 떠났지만...

지금 생각하면 나는 오빠 보다 똑똑했구나 싶다. 이글을 지금 오빠가 보면 안 되겠다 싶어 안 보여 줄 것이다. 히히...

그러나 우리 오빠는 공부도 잘했고 예의바른 품성에 인물이 워낙 출중하여 만인의 부러움과 샀었다. 그래서 나는 약간의 질투도 있었지만 그런 오빠가 있어 너무도 좋았다.

말조심

흔히 입바른 소리라 한다. 입바른 소리를 하면 말이 씨가 되어 그렇게 되는 것이니 말조심을 해야 한다고. 더운 여름방학의 어느 날이었다.

시어머니는 풀 맥인 이불 호창을 접어서 밟고 계셨다. 그때 나에게 전화가 걸려왔다. 무슨 전화냐 하시기에 나는 친구가 유산을 해서 병원에 가느라 나와의 약속을 못 지키겠다는 전화라 말씀드렸다.

그랬더니 시어님은 퉁명스런 어조로 '지금 사람들은 왜 병원을 그리 좋아하는지 모르겠네, 옛날 사람들은 한 달 만에 유산을 하면 하루 하혈을 하면 그만이야, 석 달 만에 유산을 하면 사흘 하혈을 하면 그만인데… 나는 지금까지 육십 평생을 살아도 내가 아파서 병원 간 적이 한 번도 없다. 손자를 업고서 병원에 간적은 있지만…' 하시는 것이었다.

나는 시어머니께서 심기가 매우 불편하시구나. 왜일까? 하고 그냥 지나쳤다. 그 이튿날 새벽에 일어나 보니 시어머니께서 병이 나셔서 밤에 토사곽란을 일으키셨단다. 나는 겁이 덜컥 났다. 시어머니는 우리 아이들을 봐 주시느라 힘이 드셔서 병이 나셨구나하고 근처 한의원으로 뛰어가 약을 지어왔다.

그날부터 시어머님은 만 6년간을 병원으로 한의원으로 침에 주사에 뜸에 별 고생을 다 하시다가 66세에 돌아가셨다. 병명은 중풍이라 했다.

한번 엎지른 물은 주워 담을 수 없듯이 한번 해버린 말도 주워 담을 수 없는 것이니 진정 말조심을 해야 하지 않을까?

아무렇지 않았던 말 한 마디가 노년의 시어머님을 그렇게 괴롭힐 줄 몰랐다. 내 삶에 주어진 가장 가슴 아픈 사연 중 하나였다. 평소에도 말조심 입조심을 생활화해야 되지 않을까 한다.

효도(孝道)

시어머니가 돌아가신 후 우리 집은 마루 한편에 누런 광목으로 상청(喪廳)을 차려놓고 아침저녁으로 상식(上食)을 올렸다. 혼백(魂魄)을 모셔 놓은 곳이다.

지금의 젊은이들은 그것이 무엇인지 짐작도 못하는 옛 모습일 것이다. 상식의 의미는 돌아가신 조상님의 은공을 기리기 위하여 3년 동안 살아계신다고 믿고 혼백에게 매일 식사 때 마다 진지 상(밥상)을 올리는 고대의 풍습이다.

3년이 지나면 탈상이라 하여 집에서 지냈던 상청을 거두고 1년에 한 번씩 제사로 혼백을 모시는 예법인 것이다. 이 탈상의 시기는 3년이었으나 산업화 시대를 맞아 각 가정마다 도시 생활로 바쁜 생활을 하다 이러한 풍습도 간소화하기 시작하였다.

그 후 각 집안의 풍습에 따라 다르나 주로 3년, 1년 또는 100일로 줄어들었다. 우리 집안은 100일로 탈상(脫喪)을 했다.

그때 시누이는 결혼을 해서 우리 집 근처에 살고 있었는데 상청에 놓으라고 딸기, 수박, 바나나, 같은 귀한 과일을 사가지고 왔다. 그때는 과일이 흔하지도 않고 매우 비쌌었다. 상청에 놓았던 과일들은 우리 아이들의 차지가 되었다. 그때 나는 생각을 했다. 돌아가신 후에 상청에 아무리 맛있는 음식이나 과일을 사다 놓는 것이 무슨 소용이 있을까? 살아 계실 때 고기 한 근이라도 사다 드리는 것이 효도가 아닐까?

그래서 나는 한 분 밖에 안 계신 친정어머니께 매일 용돈을 얼마씩 드리려고 결심을 했다. 몇 년간은 실천을 했다. 그런데 나의 아이들이 셋으로 늘자 아이들에게 마음 쓰느라 흐지부지 되어 버렸다.

아이들에게 드는 돈은 얼마가 들어가도 그러려니 하면서도 어머니께 드린 돈은 아깝다기보다 그냥 그렇게 지나가고 말았다. 내가 이러했는데 먼 훗날 우리 아이들도 그러겠지. 애초에 자식들의 효도는 바라지를 말아야지 했다.

그런데 다행이도 나의 3남매는 결혼해서 나름대로 잘 살고 있으니 고마울 따름이다. 크게 잘 하는 것은 없어도... 효란 무엇인가 하면 효도 효는 노인(老人) 노(老)자의 위 부분과 아들 자(子)가 합쳐진 모양으로 나이 드신 부모를 업고 있는 자식의 모습이다.

하기야 지금의 효도는 결혼해서 이혼하지 않고 소리 없이 잘 살아 주면 효도가 아닐까? 세상의 가치관이 그리고 효도의 가치관이 너무도 크게 변해버려 안타깝기 그지없다.

우리들만이 가지고 있는 이 좋은 예절만큼은 우리들의 후손들이 부디 계승 발전시켜 갔으면 얼마나 좋을까 하는 생각을 가져 본다.

태교(胎敎)

태교란 태간교육(胎間敎育) 또는 태월교육(胎月敎育)의 약자로 태아(胎兒)를 한 인격체로 확정하고 존중하며 정신과 육체를 양분할 수 없는 하나의 과정으로 인식하는데서 시작된다.

즉 임산부와 태아에게 좋은 영향을 주기 위하여 행동과 몸가짐을 조심해서 임신 중 자궁 내의 태아를 교육한다는 것이다. 이런 태교의 중요성을 모르는 사람은 없을 것이다.

먼 친척 조카의 일이 생각난다. 그 조카는 고교출신인데 대학 나온 남자와 열열이 연애를 했다. 그런데 그 남자의 어머니는 둘의 교제를 극구 반대를 했다. 학교 문제를 비롯해서 이것저것 핑계가 많았다.

그래도 둘은 결혼을 했다. 결혼 후 시어머니의 구박은 더욱 묘해졌단다. 며느리는 임신까지 했는데... 며느리는 참을 수가 없어 친정어머니에게 가서 울며불며 애기는 유산시키고 이혼을 해야겠다고 졸랐단다.

그러던 중 세월은 흘러 아들을 낳았단다. 그런데 그 아들은 낳자마자 소아당료라 한다. 그때부터 지금까지 30년이 넘게 사람 구실을 못하고 병원신세만 지고 살고 있단다.

지금은 투석까지 하고 있다니 너무나 딱하다. 이것은 어디까지나 태교를 잘 못한 탓일 것이다. 태교는 중요하다기 보다 무섭기까지 한 것이다.

이는 한 인간의 단편적인 이야기인 것 같으나 귀담아둘 필요가 있다고 생각한다. 아무리 부모라 하더라도 자식들이 서로 좋아하고 사랑하여 결혼까지 했다면 자식의 행복을 위해서도 너그럽게 받아주었어야 한다.

결혼이란 부모의 의견과 뜻이 중요한 게 아니며 당사자들의 일생에 관한 문제이기 때문이다. 결국 부모의 잘 못된 인식이 자식들의 불행을 초래하였고 죄 없는 손자까지 불구의 생명체를 갖게 되었다는 사실이다.

이처럼 태교란 부부간의 마음과 정신 그리고 육체가 혼연일체가 되어 정서적 안정과 인성적 안정의 토대 위에서 올바른 마음의 자세를 가져야 하는 것이다. 그러기 위하여 주위의 환경과 분위기가 당연히 뒤받침이 되어야 하는 것이 아닐까 한다.

맏손자

며느리가 병원에서 첫손자를 낳았다. 수술실에서 병실로 실려나온 며늘아이는 엷은 미소를 띈 얼굴로 '어머니, 하나도 힘 안들었어요' 한다. 그 모습이 어찌나 예쁘고 고마웠던지 지금도 잊을 수가 없다.

같은 병실에 있던 산모는 제왕절개수술 중이라는데... 일주일 만에 퇴원을 하여 집으로 왔다. 애기와 며늘아이의 정신적 안정을 위하여 2층 방에 있게 하였다. 그러면서도 시도 때도 없이 보고 싶어 2층 방에 올라가면 며늘아이는 '아가야, 할머니 오셨다'라고 외쳐댄다.

그 소리를 듣는 순간 온 몸이 오싹하며 전율이 오곤했다. 그때 내 나이 55세였다. 생전 처음 들어본 할머니란 소리에 감격이라기보다는 충격 이였다. 아직도 꿈 많던 소녀시절을 그리워하며 옛 추억을 떠올리며 하염없는 미소를 즐기고 싶었기 때문이었다. 그런데 손자가 무럭무럭 커가면서 '할머니 할머니'하는 소리가 점점 익숙해져 정답게 느껴졌다.

그러던 어느 날이었다. 남편이 퇴근을 하고 들어오면서 초인종을 누르면 달려가 '누구세요' 하면 그이는 언제나 명랑하고 정다운 음성으로 '당신 남편' 했다. 그런데 그날따라 '누구세요' 하니 손자의 이름을 부르며 '현중이 할아버지' 라고 하는 것이다.

그 소리를 듣는 순간 웃음이 먼저 나왔다. 그러면서도 뭔가 모르게 아쉬움과 서운함이랄까 야릇한 생각이 스치고 지나간다. 나의 존재는 이제 손자의 뒷전으로 밀려났네! 하는 생각이 들면서도 기분은 나쁘지 않았다. 이것이 세상 살아가는 모습이며 즐거움이 아니었을까.

그런데 그토록 귀엽고 어여쁜 세 살 박이 손자를 두고 남편은 세상을 떠났다. 어찌 눈을 감았는지, 지금도 가슴이 저려온다. 그 손자가 네 살 때 앨범을 뒤적이면서 단체 사진에서 콩알만 한 할아버지의 얼굴을 찾아낸다. 참으로 기특한 일이다.

그래서 피는 물보다 진하다는 말이 존재 했는지도 모르겠다. 그 손자가 28년의 세월이 지나 지금은 미국의 UCLA에서 유학 중이다. 세월은 유수같이 흐른다했거늘 할아버지의 손자 사랑이 하늘나라에서도 보살펴 주신 것 같다.

가족 모임

막내아들이 대학을 졸업하고 그 어렵다는 대기업에 취직을 하였다. 첫 출근 날을 맞아 진날부터 이발과 목욕을 하고 들어온다. 그러더니 새벽부터 일어나 흰 와이셔츠에 붉은색 파란색의 넥타이를 번갈아가며 매어보고 검정색 정장차림으로 내 앞에 선다.

훤칠한 키에 잘 생긴 얼굴이며 늠름한 모습이 너무도 자랑스럽다. 어쩜 젊은 시절 제 아빠의 모습을 꼭 빼닮은 꼴이다. 아들의 그 모습을 보는 순간 즐겁고 행복하다기 보다 먼저 눈시울이 뜨거워진다. 이 자랑스런 모습을 그이와 함께 보았어야 했는데 나 혼자서 보고 있으니 안타까운 생각에서다.

현관에서 아들을 배웅하고 돌아서는 순간 오열하듯 눈물이 쏟아진다. 즐거움의 눈물이며 행복함의 눈물이며 그립고 보고 싶은 정의 눈물이 하염없이 쏟아지고 있었다.

문득 떠 오른 친구의 말이 생각난다. 남편의 장례식장에 왔던 외기러기의 친구는 '너, 지금은 아무것도 아니야, 조금 더 지내봐. 좋은 일이 생기면 좋아서 생각나고 슬픈 일이 생기면 슬퍼서 더 그립고 보고 싶어 생각난단다.' 정말 그 친구의 말이 맞는 말이었다.

시간이 흐르고 조금은 진정된 마음이 되자 시누이에게 전화를 걸었다. 아들의 첫 출근의 감회를 알리며 시누이 내외와 두 시동생 내외를 초대하여 그 날 저녁 자축연을 열었다. 이것이 계기가 되어 우리 네 가족은 석 달에 한 번씩 모임을 갖고 있다. 물론 추석과 설의 명절이나 각 가정의 경축일은 별도의 모임이다. 이렇다 보니 우리 가족은 일 년이면 최소한 여섯 번에서 일곱 번 정도를 만나는 기회가 되었다.

따라서 자연스럽게 사촌 간에도 더 깊은 정이 싹트고 있고 동기간들도 애틋한 정을 나무며 즐겁고 행복한 삶을 누리고 있다. 시부모님의 후손들이 이제는 40여명으로 늘었다. 각자의 가정을 꾸린 사람만도 십여 가정이 된다. 거기에 손자 손녀 손부들 까지 모이니 왁자지껄 사람 사는 맛이 물씬 난다.

그러나 너무 많은 친척들이 모이니 정신이 없어 오붓한 모임을 갖고자 시누이 내외와 두 시동생 내외 그리고 나와 내 아들 내외만의 조촐한 별도의 모임도 갖고 있다.

조용하고 아늑한 분위기, 마음껏 누릴 수 있는 담소는 우리 가족들의 행복이고 영원한 미래이다. 오늘도 그 모임이 끝나고 일어서자 시동생이 한마디 한다.

'형수님이 건강히 오래 사셔야 이런 모임을 오래토록 유지 할 수 있으니 오래 오래 사셔야 해요' 한다. 고맙고 반가운 일이다.

내 가정 내 친척들의 행복을 위해서도 건강한 몸으로 오래 오래 살고 싶다.

첫 인상

인간관계에서는 흔히들 첫 인상이 좋아야 한다는 말들을 한다. 그리고 첫 인상은 단 3초 안에 결정된다고도 한다. 어찌 보면 편견일 수도 있으나 최초의 이미지는 그리 쉽게 사라지지 않는 것이 또한 인간의 심리이다.

오래 전의 이야기이다. 막내아들이 교제하던 여자 친구가 우리 집에 인사를 왔다. 그날따라 서로가 약속이 되었으나 아들이 갑작스런 일로 조금 늦으니 먼저 집에 가서 기다리라고 했단다. 요즘의 젊은이들답게 참으로 용감하다는 생각이 들었다. 옛날 같으면 여자 혼자서 남자 집에 간다는 것은 상상조차 어려운 일들이기에 말이다.

어찌 되었건 우리 집에 온 손님이어서 반갑게 맞이하며 거실로 안내하여 소파에 앉혔다. 그리고 가벼운 차와 잡지를 갖다 주며 잠시 앉아 기다리라고 했다. 아무래도 남자 친구 집이기에 긴장도 되겠지 싶어 자리도 비켜주며 편안한 시간을 갖게 했다.

그런대도 그 애는 긴장이 안 풀린 듯 두 손을 맞잡고 곧은 자세로 미동도 하지 않고 앉아만 있었다. 나는 다가가 말도 붙이며 긴장을 풀어주려고 하였으나 좀처럼 긴장된 자세를 풀지 못하고 있었다. 조그마한 키에 깜찍하고 예쁜 얼굴에 다소곳한 얌전함까지 갖추었으니 규수 감으로는 안성맞춤이라는 생각은 들었으나 어쩌면 맹한 구석이 있는 같아 보였다.

그런 찰라 남편이 일찍 퇴근을 하여 들어온다. 현관에서 신발을 벗고 들어오는 순간 그 애는 놀란 토끼가 되어 벌떡 일어나더니 쏜살같이 나가 버린 것이다. 어른이 들어오면 다소곳이 서서 인사를 함이 마땅함에도 불구하고 갑작스런 아버지의 출현이 당황스러웠을 것이다. 충분히 그 애의 입장을 이해하면서도 어쩌면 황당하다고나 할까.

남편은 '난 제 싫어한다' 아마도 어른한테 인사도 없이 나가버렸기 때문일 것이다. 그러나 평소에 남편의 예리함 때문에 가끔씩 깜짝깜짝 놀란 일들이 있어서인지 모르나 단 1초의 직감으로 남편의 판단이 옳다는 생각을 갖게 되었다. 어쩌면 나의 생각도 틀리지 않았던 같아 나도 싫은데 하며 맞장구를 쳤던 기억이 난다.

가족 모임에서 나는 그렇게 예리한 남편의 첫눈에 반하여 선택된 나는 결혼하여 3남매를 낳고 30년이 넘도록 행복하게 살지 않았어요 했다. 그랬더니 시누이와 동서들은 '은근히 형님 자랑이네요' 하며 한바탕 웃음을 자아내기도 하였다.

첫 인상, 그것이 주는 사람들의 감정은 어쩌면 비슷한가보다.

우리 남매

옛날엔 가정 마다 10여명의 식구들이 살고 있었다. 할아버지 할머니를 비롯하여 최소 5명 이상의 자녀들과 부모님을 합하면 대식구들이었다. 그런데 우리 집에는 할아버지 할머니가 안 계신데도 12명의 가족이었다. 조그마한 집에서 오손도손 10남매의 자녀들은 크고 작은 이야기 거리와 웃음으로 아기자기하게 살고 있었다.

그러다 3명의 남매가 차례로 병마로 인하여 세상을 뜨고 말았다. 부모님의 가슴의 상처는 이루 헤아릴 수 없을 만큼 허탈하셨을 것이다. 그 옛날엔 의술이 발달되지 않아 수많은 사람들이 병으로 인하여 희생되는 시대였다. 그러기에 아이들이 출생해도 지금처럼 일정기간 안에 호적을 올릴 수도 없었다. 죽을지 살지 몰라 2~3년이 지나야만 겨우 호적에 올리는 경우들이 많았다.

이후 아버님도 돌아가시고 7남매를 어머니 혼자 키우시느라 참으로 고생도 많으셨다. 다행히도 우리 7남매는 별 탈 없이 성인이 되도록 잘 성장해 주었다. 그런데 내가 어렸을 때에 어머니는 "나는 사흘만 앓고 가야할 텐데..." 하시는 말을 입버릇처럼 외우셨다. 나는 어머니의 그 말씀이 무슨 뜻인지 모르고 의아해했었다. 그러나 시어머니가 6년을 앓다 돌아가셨다. 그 때서야 그 말씀의 뜻을 확실히 알게 되었다.

그 후 어머니는 급체하셔 병원에서 3일 만에 93세의 나이로 돌아가시고 말았다. 어머니의 평소의 말이 씨가 되었다.

몇 년이 지난 어느 날이었다. 둘째 동생이 전화 중에 뜬금없이 "누나, 우리 남매는 부모님께 감사해야해, 우리 7남매가 지금까지 큰 병

없이 잘 살아 온 것은 부모님의 좋은 DNA를 남겨주신 덕분이야" 하는 것이었다. 그래 맞는 말이야. 나는 즉시 동생의 말에 동의했다.

그런데 얼마 후 남대문 시장에 갔다 돌아오는 길에 큰 언니에게서 전화가 걸려왔다. 큰 남동생이 병원에서 폐암 3기 판정을 받았다고 한다. 뜻밖의 소식에 정신이 혼미하여 지하철역 한쪽 구석에 주저앉아 한없이 울고 말았다. 그 후 모든 남매들의 정성어린 위로와 착하고 현명한 올케의 극진한 간호로 병이 호전 되는듯하다가 결국 2년의 고생 끝에 세상을 뜨고 말았다.

"까마귀 날자 배 떨어진다"는 말처럼 둘째 동생이 했던 이야기가 자꾸 귀에 거슬려온다.

지금 우리 남매들은 큰 언니가 91세이고 막내 동생이 72세인데 모두가 건강한 모습으로 잘 살고 있다. 세상을 뜬 큰 동생이 우리 남매들의 액운을 다 몰고 갔다고 생각하면 나의 잘 못된 생각일까?

어찌 되었든 우리 6남매는 남부럽지 않는 우애와 건강으로 축복받은 삶을 누리고 있다. 모두가 부모의 크신 은덕이 아닐까 생각한다.

닭고기

어렸을 때 우리 집에는 할아버지와 함께 살았다. 할머님은 일찍 세상을 떠나시고 둘째 아들과 며느리인 아버님과 어머님께서 홀로계신 시아버님을 모신 것이다. 할아버님은 말씀이 별로 없으신 편이며 담배를 많이 피우셨다. 하얀 한복을 즐겨 입으신 할아버님의 모습은 신선같이 훌륭해 보이셨다. 그런 할아버지를 나는 무척도 좋아했다.

그때 우리 집에는 몇 마리의 닭을 키우고 있었다. 매일같이 아버님과 나는 닭 모이를 주는 것이 하루의 일과 중 하나였다. 그 암탉은 붉은 색과 통통한 몸집에 어린 병아리를 거느리고 있었다. 여러 마리의 닭들 중 유난히도 그 닭을 좋아하고 있었다. 노란 병아리들이 성장하여 어미닭이 될 즈음 갑자기 내가 좋아하던 커다란 암탉이 보이지 않았다.

깜짝 놀라 마당과 정원의 나무 밑을 구석구석 찾아보았으나 보이지 않았다.

잃어버린 것이 아닌가 싶어 어머님께 달려가 우리 닭이 없어졌다고 울상을 하며 물으니 "어제 할아버지께서 잡아 잡수셨단다" 하신다. 어머니의 그 말씀을 듣는 순간 기절하듯 말문이 막혀 정신을 놓고 말았다. 어떻게 집에서 기르던 닭을 잡아 잡수실 수가 있을까, 어린 마음에도 그 닭이 너무도 불쌍한 생각이 들었다. 뿐만 아니라 할아버지가 원망스럽기도 하였다.

그 후 나는 닭고기를 먹을 수가 없었다. 결혼 후에도 시집 식구들이나 친구들은 닭고기를 즐겨 먹으며 자꾸 먹으라고 권하고 있으나 그럴 때 마다 이런 저런 이유를 대며 얼버무려 버렸다.

그러던 어느 날 친정집에 제사가 있어 갔다가 오빠가 닭고기를 안 먹는다는 것을 알았다. 그 이유를 물으니 어렸을 때 할아버지가 닭을 잡아 잡수시는 것을 보고 하도 끔찍하여 안 먹는다는 것이었다. 순간 나는 '바로 그 닭이구나'하며 어쩜 우리 남매는 똑같은 생각으로 지금껏 살아왔는지 한참 동안 그때의 이야기꽃을 피우며 웃음바다가 되었다.

음식이란 건강을 위하여 여러 가지 영양소를 고르게 섭취해야 튼튼한 몸을 유지할 수 있다고 한다. 나 역시 우리 애들에게나 어린이들에게도 그렇게 가르쳤다. 그러면서도 어린 시절 그때의 그 모습이 연상되면 닭고기를 영원히 못 먹을 것 같다. 어쩌면 나만이 유난을 떠는지도 모르겠다.

장 영 배

시 : 동지(冬至) · 목련화 · 새벽 별 · 봄의 소리 · 까치집
매미 · 고향집 · 그리움 · 음악회 · 텃밭 · 숲 길

수필 : 슬픔을 간직한 백제의 모습 · 성묘 길 · 고향의 추억

• 서울 강남구 논현로 205, 4동 805호(도곡동 도곡한신Ⓐ)
• HP. 010. 3652. 3905

동지(冬至)

계절의 끝자락엔
할머니가 그리워지는 상념의 시간들

밤새껏 만 듯 팥죽의 향이 묻어나고
승무되어 춤을 추던 할머니는
집안의 구석구석을 돌며 향 뿌려
주문(呪文)을 외우셨다

그녀의 기도는 개울처럼 흘러
악귀(惡鬼)를 쫓고
동토의 여울목처럼 생수가 솟는 고향집

동지는 어둠의 꼭지
어둠은 빛에 밀려 사위어가고
태양은 빛을 타고 길어만 간다

계절의 원류로 태어난 동지는
빛으로 생명으로 부활하여
할머니의 팥죽 꽃으로
가슴에 수를 놓는다

목련화

매봉산 자락 목련꽃 단지엔
목화송이처럼 망울져 터지는 꽃들의 잔치

겨우내 잠 못 이루며
씻고 다듬은 정갈함이
화사함으로 묻어난
티 없이 맑은 웃음
아기 천사다

우람한 몸집에 기품 있는 모습
본시 왕족의 후예였나 보다

봄 동산의 매화와 수선화도
밝은 미소로 다가와
힘찬 팡파르를 함께 터트린다

새벽 별

창 넘어 아스라한 새벽 별 하나
친구도 연인도 없나 보다

별 헤이길 좋아하던 그대
긴긴 밤을 세어가며
빛으로 떠돌던 아련한 모습

긴 머릿결의 백합 같은
그 여인은
오늘도 그리움의 끈을 안고
내 곁을 맴도는데

쏟아져 내려오지 못한
저 빛의 여운은
누굴 위한 그리움일까

봄의 소리

조용한 대지에 한줄기 빛이 지나고
잠들었던 만상이 기지개를 켜면
얼음장 깨뜨리는 소리로
봄이 온다

서릿발이 무서웠던 북풍도
남풍에 녹아내린 햇볕을 타고
울긋불긋 꽃단장으로
벌 나비 되어 날아온다

저만치서 들려오는 봄의 소리
생명체 되어
우주의 섭리로 되살아난다

까치집

앙상한 나목엔
유럽풍의 건축물이 잠들어 있다

주인 없는 빈집엔
긴긴 시간 여행을 떠났는지
기척이 없다

깃털 세워 단장한 방엔
아기자기 꿈이 서려있고
사랑의 흔적들이 난무한데

언제쯤 돌아올지
기다려지는
까치가족의 생애

매미

땡볕이 지상을 달굴 때
짙푸른 수목엔 잔바람이 서성이고
세기의 명창들이 모여 앉아
합창을 한다

한낮의 소나기처럼
파도의 리듬을 따고 출렁이며
맴맴맴맴 세상을 덮고 있다

도시는 핏빛 뜨거움으로 달아오르고
산야(山野)는 침묵으로 더위를 식히는데

너희는 어쩌자고
목메어 목메어
여름밤을 달구느냐

고향집

산발 머리한 잡초가
주검처럼 적막 속에
고향집을 지키고 서 있다

사랑채엔
먼지 가득한 책상이 나뒹굴고
허물어진 꽃동산엔
이름 모를 들꽃이 웃고 있다

별똥별 쏟아지는 한여름 밤
오순도순 둘러앉은 평상 위의 가족들
꿈으로 설레던 순박했던 그 시절

이젠
이승과 저승으로 하염없이 날아가고
맨드라미 채송화 핀 장독대엔
아롱다롱
어머니의 그림자가 웃고 서 있다

그리움

은하의 별빛들이 촘촘히 춤을 추던 날
그리움인지 사랑인지 알 수 없는 그림자
내 곁을 서성이네요

북두칠성 카시오피 곰 자리표 해이던
초롱초롱한 당신의 눈빛
이 밤도 내 가슴에 불을 당기시내요

그리움과 기다림에 지친
목마른 여정
오늘도 긴긴 한숨으로 당신을 그리내요

유한한 존재 속에
무한한 당신의 꿈을 꾸는 이 밤도
내겐 행복의 여신이내요

음악회

바이올린과 피아노의 선율의 작은 음악회
차이콥스키의 "멜로디"가 서막을 열고
베토벤의 "봄"이 왈츠로 날아든다

꺼져가는 청각(聽覺)을 부둥켜안고
몸부림치는 선율

크라이슬러의 "사랑의 슬픔"은
"사랑의 기쁨"으로 변신하고
영혼은 환희로 불타게 한다

나비처럼 나르는 플라밍고 댄스의 선율은
사라사테의 "자파테아도"와 "지고이네르바이젠"의
집시의 노래가 절정을 이룬다

음악,
음악의 소리는 시(詩)며
시(詩)는 곧 영혼을 두드리는 음악이다

텃밭

대모산 기슭에 작은 텃밭
지구(地球)를 비집고 고개를 내민
여리디 여린 작은 탄생(誕生)들이
온통 파아랗다
며칠 전 심은 무우 갓 배추 씨앗들이
어깨동무로 땅을 밀고 나왔다

푸른 하늘이고
주인과 눈 맞추고 소곤대며
함박웃음이다
이유도 조건도 없는 강한 생명력
위대한 생(生)의 찬미

숲 길

숲길에 들어서면
문명은 비켜서고 원시(原始)가 자리한다
새소리 벌레소리 바람소리 내 발자국 소리
태고(太古)의 소리로 화음이 된다
철 따라 무지갯빛 병풍으로
몸을 감싸고
돌 하나 풀 한 포기에도
의미와 그리움을 새기며
오솔길 곡선을 오르내리면
사각, 한 입 사과 같은
상큼한 안식(安息)

슬픔을 간직한 백제의 모습
— 백제 유적지 탐방

유네스코 등재에 오른 백제문화유산의 탐방에 가족과 함께 나셨다. 역사를 보는 시각은 그 시대와 지역의 정서와 자신의 역사관에 따라 달리 판단할 수 있는 지극히 주관적일 수밖에 없을 것이다.

따라서 백제인의 후예로 살아온 백성의 눈으로 백제의 슬픈 역사를 보고자 떠났던 여행이어서 또 다른 의미와 사색의 짧은 체험이었다. 11월 중순 백제의 옛 수도 부여에는 가을비가 하염없이 내리고 있었다.

부소산 문을 지나니 나지막한 능선에는 노랗고 빨간 단풍들로 눈이 부시다. 발목까지 쌓인 낙엽위로 비가 내리고 그 위에 또 다른 낙엽이 차곡차곡 쌓이고 있었다.

아람드리 소나무며, 단풍나무가 강건했던 백제였다면 비를 타고 쏟아지는 낙엽은 쇠락의 길에서 비참한 패망의 길로 들어선 백제를 말해주고 있는듯하다. 백제의 유민인 나그네는 사그락 사그락 낙엽위에 내리는 빗줄기가 망국의 흐느낌인양 울컥 서글퍼지기만 한다.

부소산의 정상 사자루(泗疵樓)에 올라 발아래 백마강을 조감한 뒤 백화정(百花亭)에 서서 낙화암(落花岩)을 본다. 60m 아래 유유히 흐르는 백마강에 꽃잎 되어 떨어진 삼천궁녀들이 눈앞에 아른거린다.

백마강 푸른 물은 안개 속에 아련하고 저만큼 황포돛대가 슬픔처럼 유유하다. 백화정 앞의 천년 노송은 1300년 전의 슬픈 역사를 말해주듯 초췌한 모습으로 비를 맞고 서 있다.

"660년 7월 18일 의자왕 20년에 나당(羅唐) 연합군에 나라가 망하고 왕은 웅진성(지금의 공주)에 피신을 했다. 9월 3일에는 태지 융과 12,000여명이 포로가 되어 당나라에 끌려갔고 4개월 뒤 왕은 한 많은 생을 마감했다."

바로 옆 백마강변의 가파른 돌계단을 따라 내려가자 천년 고찰인 고란사가 몸을 잔뜩 움츠린 채 운무(雲霧)속에 외로이 젖고 있다. 극락보전(極樂宝殿) 부처님께 절하고 왕이 마셨다는 고란정 약수에 목을 축이고 고개를 드니 천년을 하루같이 삼천궁녀의 슬픈 넋을 위로해온 은은한 독경소리가 가슴을 두드린다.

백제 왕자들이 산책을 즐겼다는 태자골의 숲길은 낙엽이 발목을 덮고 반월루에 올라 백마강과 부여시가지를 내려다본다. 나라를 위해 목숨을 바친 세 충신(성충, 홍수, 계백)을 모신 삼충사(三忠祠)는 단정하게 가꾸어져 있고 사당앞 단풍나무는 핏빛 뜨거운 충정을 그리듯 빨갛게 불타고 있다.

해질녘 32,000여점의 백제유적이 보관된 국립부여박물관에는 능산리 사지에서 출토 된 백제금동대향로(국보287호)가 유독 독방을 차지한 채 빛을 발하고 있다. 부여 시내에 위치한 사비시대(587~660)의 중심 사찰인 정림사지(定林寺址)의 5층 석탑은 정갈한 모습으로 당나라 장수 소정방의 전승기록과 전란당시 불에 그슬린 흔적이 망국의 설움을 간직한 채 1300년을 그곳에서 외롭게 서 있었다.

왕과 왕족의 무덤(7기)이 보존된 능산리 고분과 수도 사비의 방어선인 나성(6km), 왕의 명복을 빌기 위해 세워진 능산리 사찰 터는 세월의 허탈함을 말해주고 있다.

백제가 삼국 중에 제일 먼저 패망한 이유가 무엇인가? 무릇 인류의 역사란 건국과 멸망의 역사 일진데, 국가란 유한한 것인가? 제3세력의 당과의 연합에 의한 백제 패망이 가슴 아프고, 충신들의 간

언을 억압하고 주변 정세를 방관한 말년의 의자왕이 안타까워진다.

이번 여행은 1박2일의 강행군이었지만 빗속에서도 칭얼대거나 짜증내지 않고 의젓함을 보여준 손녀딸 수영(洙瑛, 초등 4학년)가 더없이 고맙고 대견스러웠다.

성묘 길

동양의 전통적인 풍습이랄까, 아님 우리들만의 전통적인 모습이랄까. 조상을 기리고 숭배한다는 것이 후손의 도리인 것을 알면서도 실행에 옮기는 일이 그리 쉽지만은 않다는 것 같다.

핵가족이며 첨단 정보화 시대를 살아가는 오늘 날의 세상에서는 과거 보다 교통편이며 시간을 할애할 수 있는 여건이 훨씬 편함에도 불구하고 과거보다 못함은 어떤 이유에서 일까. 각자의 삶이 다양하고 바빠서이며 일상화 되어 버린 교통체증 등 이유가 많을 것이다.

그러나 타당치 않는 이유이며 핑계에 불가하지 않을까 생각한다. 돌아가신 조상들 보다 살아있는 자신들의 안위가 더 크기 때문일 것이다. 나 자신 역시 같은 생각으로 지금껏 살아오다 이번만큼은 꼭 실행해 보자는 각오로 기회를 만들었다.

조상님들의 선영은 전북 정읍 산외면에 있다. 서울에서는 우리 가족인 내자와 아들 며느리 손자 손녀들이며, 전주에서는 동생 내외 등 10여명이 같은 날 같은 시간 데에 선영으로 모이기로 하였다.

모처럼의 가족 나들이라 흐뭇한 마음과 가슴 설레는 기분을 감당키 어려웠다. 새벽바람을 가르는 고속도로의 상쾌함과 4월의 밝은 태양은 빛으로 쏟아져 내리는 시골 들녘은 따스함을 자랑하듯 보드라운 잔디밭의 향연이었다. 숲은 푸르러 가고 시냇물은 졸졸 맑디맑은 구슬 소리로 흐르고 있었다.

차속에서의 손자 손녀들의 재롱잔치에 시간 가는 줄 모르고 달려온 우리 일행은 선영에 도착하자마자 주변 환경을 정리했다. 곧이어 전주에서 출발한 동생 가족들이 도착하였다. 동생과 매제는 자신들이 먼저 도착하여 우리를 맞으려 했는데 먼저 오셨느냐며 겸연쩍은 표정들이다.

적막한 산속에 모여든 우리 일행들은 반가움의 환희가 넘쳐났으며 화기애애한 분위기 속에서 아버님의 33주기를 비롯 조상님들의 추모제를 올리게 되었다. 오늘의 기쁨이 얼마나 컸는지 하늘도 웃고, 땅도 웃고, 조상님들도 함박웃음으로 손뼉을 치며 한없이 즐거운 표정들로만 보였다.

산 속 한켠의 그늘에 앉아 아내와 동생이 준비해온 음식을 조상님들과 함께 먹는 기분 그리고 우리들의 아름다운 후손들의 조상 숭배의 정신에 감사와 고마움을 느꼈다. 이어 한 시간 남짓 거리인 남원시 덕과면의 장인 장모님 묘소로 향했다.

전주에서 달려온 동생과 매재(김기영)도 함께 합류하였다. 평소에 그토록 자상하시던 그 분들도 조상님들과 함께 편안히 누워 계셨다. 오며 가며 들린 시골의 정취와 고사리며 두릅이며 산나물을 캐는 정취도 솔솔한 재미였다.

저녁엔 전주의 금양정에서 구순(九旬)을 바라보는 고모님을 비롯한 일가족들과 만찬을 즐기는 가족 잔치가 있었다. 모처럼 만에 자리한 친척들과의 향연 역시 삶음의 의미와 보람과 기쁨을 안겨주는 좋은 추억이었다.

따뜻하고 정겨웠던 그 옛날의 모습은 아니지만 사랑스런 동생(정희)의 집에서 밤새껏 만리장성을 쌓던 그 시간들이 그리워 내년에도 또 다른 해에도 살아생전 계속하고 싶다. 새벽바람을 맞으며 어릴적 얽히고설킨 텅 빈 고향집을 둘러보며 추억을 가슴에 안은 채 귀경길을 서둘렀다.

세상 살아가는 일이 무엇이 그래도 바빠 온 가족이 조상과 고향의 인척을 찾는 것이 이처럼 어려웠던가. 내 가족의 고마움과 정겨운 사랑이 이처럼 따뜻하고 흐뭇한 것을 마음 한 번 바꿔 먹으면 행복이 내 것인 것을.....

고향의 추억

오랜만에 떠난 고향나들이였다. 이름만 들어도 가슴이 설레는 곳 고향. 그곳에 고려 말 우왕 6년(1380년) 황산전투에서 왜구를 무찌르고 귀환 길에 승전잔치를 벌였다는 오목대(梧木臺)가 있다. 그곳은 어린 시절보다 더 푸른 숲으로 잘 가꾸어져 있었다.

600여 년 전 이성계 장군의 호쾌한 웃음소리와 왜구를 섬멸한 병사들의 환호성이 들리는 듯하다. 구름다리를 건너 이목대(二木臺)를 돌아가는 순간 고교시절 철없이 뛰어 놀던 그리움이 젖어온다. 개나리, 진달래, 봄꽃들이 앞 다투어 숲을 이루고 산비탈에 옹기종기 붙어 있던 달동네는 카페와 담마다 벽화가 그려진 문화의 마을로 변해 있었다. 눈길을 남쪽으로 돌리자 저쪽 한벽루 앞을 흐르던 전주천이 긴 띠를 두르듯 옛 모습을 보여준다.

오늘 전주를 찾은 것은 중앙언론단체의 봄철 세미나가 1박2일 일정으로 이곳에서 열리기 때문이다. 오후의 토론을 마친 전 · 현직 언론인 40여명은 그 유명한 한옥마을에서 전통한정식으로 만찬을 즐기고 삼삼오오 어둠에 잠기는 시가지를 산책하였다. 정감어린 청사초롱이며 은은한 불빛 그리고 초승달 아래 졸졸 흐르는 실개천 따라 밤은 깊어가고 있었다.

이튿날 아침, 아침 식사를 마친 후 역사 해설사를 앞세워 경기전(慶基殿)을 포함한 한옥마을을 본격적으로 탐사하였다. 경기전은 조선왕조의 발상지로 태조 이성개의 어진(御眞), 하나 뿐인 진품과 전주 사고(史庫)를 포함한 왕실의 유물들이 보존되어 있었다.

학창시절 자갈밭이었던 "은행나무 골목"은 한옥마을의 중심으로 자리 잡고 있었다. 뿐만 아니라 건축물은 물론 거리의 간판이며 장식물들도 오밀조밀 고유의 모습을 갖추고, 먹거리도 전통을 찾아 차별화 되고 있었다. 거리는 많은 외국인들을 비롯한 젊은 층의 관광객들이 줄을 잇고 있었다.

한복을 곱게 차려 입은 청소년들이 때를 지어 거니는 모습이며 체험을 메모하는 학생들이 이채로웠다. 한때는 침체를 벗어나지 못한 전주는 이제 번영의 길로 거듭 태어나는 듯하였다. 거기엔 한옥마을이 있었고, 전주 국제영화제와 영화인의 거리로 활성화가 되어 있었다. 그러나 한 가지 아쉬운 것은 새만금 사업의 정상적인 추진이 하루속히 진행되었으면 하는 것이었다.

오랜만에 찾은 내 고향의 변천된 모습을 보면서 세월의 격세지감을 한껏 느낀 하루였다. 전통과 현대가 살아 숨 쉬고 있는 활력 있는 도시로 발전하리라는 확신이 들었다.

조 영 자

시 : 장미꽃 · 어머니 · 고향 생각 · 청계산
만남 · 수박 · 그리움 · 꿈

• 서울 서초구 강남대로 34길 28-6, 401호(양재동)
• HP. 010. 7576. 4059

장미꽃

여리고 보드라운 삶
맑고 깨끗한 천진난만한 어린애 같은
그러면서도
날카롭고 무서운 가시의 생(生)이 있는 꽃

꽃 중에 꽃이란
우아하고 화려한 너는
여왕으로 태어 난 장미
색과 향이 고와
영원함만을 사랑 한단다

내 속의 너
너 속에 내가 있는 삶이란
언제나 동질의 삶이기에
너를 사랑하지 않을 수 없음에
가슴시린 꽃

어머니

어머니
목 놓아 부르고픈 그 이름
불러도 불러도 대답 없는 그 이름
행여나 행여나 답이 올까
마음 조여 애태우던 이름이여

꿈에서나 만날까
그림자로나 만날까
행여 행여 기다려 온 세월
홀로 걷는 이 마음 슬픔도 지쳤나 봅니다

부르다 부르다
몸져누워 지쳐버린 시간들
이제는 달그림자에 올려놓고
하늘만 쳐다 보렵니다

그립고 그리운
어머니 어머니

고향 생각

내겐 생각과 모양이 다른
세 개의 고향이 있다

세상에 태어나고 자란
추억이 생동했던 시골마을
발가벗긴 친구가 있고 뒷동산의 매미소리와
시냇가의 고기 잡던 추억이 어린 고향이 있다

철석 철석 밀려든 파도소리에
갈매기 날던 동백섬의 추억과
오순도순 시를 읊으며 소꿉장난 같은
인생을 논하며 사랑을 키웠던 고향이 있다

그런가하면 이제는
살을 깎고 피를 토하며 가꾸어 온
후손들을 키워 온 삶
어느새 서릿발이 머리에 내려
주름길만 깊어진 도회지의 고향이 그것이다

어느 고향이건
모두 다 그리운 추억이 있고 낭만이 있어
삶의 의미가 있는 그 곳들
그립고 보고프다

청계산

향긋한 바람이 있고
피톤치드의 소나무와 편백나무가 좋고
둔탁한 언덕과 바위가 있어 산엘 간다

그뿐인가
조잘대는 물소리와
파랑새며 텃새의 방울 소리가 있고
꼬리 들고 날아든 다람쥐의 사각거림이 있어
오늘도 산을 찾는다

땀과 그늘이 있어 좋고
옛 사랑의 추억의 향기가
바람으로 가슴을 휘잡는 곳

내 마음이 호수요
내 마음의 기둥으로 우뚝 서있는 그 곳
청계산의 로맨스다

만남

만남이란
우연이고 필연이라면
우리의 만남은 어느 쪽일까

만남이란 우연과 약속이 있고
시간과 장소가 있으며
전화와 문자도 있다

세상이 좋아
얼굴을 맞대지 않아도
시도 때도 없이
즐길 수 있는 여유

즐거움과 하소연
때로는 수다로 일관된 목소리들
그 중에 제일은
안녕, 잘 있었어, 또 보자.
싫증나지 않는 친구의 음성

수박

영구의 화점(花點)이 흙속에 묻혀
몸을 추스르더니만
박꽃을 피워 물고
산달(産月)의 선을 긋고 둥근 달을 낳았다

햇살 먹음은 화사한 얼굴
얼음에 저려
냉 꽃을 피어물고
환한 화채(花菜)의 꿈을 낳는다

그땐 어김없이 모여든
가족이며 친구들의 얼굴들
만면의 미소 속에
행복한 시간들

그가 있어 즐거움을 낳은
웃음 밭의 향기
수박의 계절
여름날의 향수

그리움

세월이 짙을수록 차오르는 말
시도 때도 없이 다가오는 언어
그리움
그리고 어머니

기쁠 때나 슬플 때나
사색도 번뇌도
문득문득 찾아 든 생각
가슴에 밀려든 한조각의 그리움

생의 희열이며
존재의 극한 가치
불러도 불러도 그리워지는
어머니
나의 생명이여

꿈

가진 것과 가질 수 없는 것
버릴 것과 버릴 수 없는 것

상향의 갈등에
염원으로 이루어진 존재

생각과 생각의 번뇌 속에
욕심으로만 채우려하는 것

허황 일수도 미련 일수도 있는
가슴앓이의 존재
그것이야 말로 진정한 꿈

최 전 교

시 : 서울의 달
수필 : 만추수상(晩秋隨想) · 전쟁과 추석

• 서울 강남구 남부순환로 365길 16
• HP. 010. 3234. 3933

서울의 달

달은 달이되
밝고도 어두운 달이 있다

어릴 적 감나무에 걸려있는 달은
금방이라도 따 담을 것 같은
아니, 꽃 구술처럼 아름다웠지

세상을 알고 꿈을 꾸면서
콩크리트 아스팔트를 벗 삼아
살아온 서울의 하늘엔

희뿌연 달그림자만 비추이고
낭만도 꿈도 센티멘털도 없는
외로움의 표상으로만 눈물짓고 있다

만추수상(晩秋隨想)

매봉산자락 한켠에 우람한 아파트들이 줄을 잇고 서 있다. 그 많은 세대 중에 나도 조그마한 둥지를 틀고 살고 있다. 집에서 불과 15분 거리에 양재노인종합복지관이 있어 자주 간다. 매일처럼 바뀐 각종 프로그램에 따라 공부도 하고 노래도 부르며 노후의 즐거움을 만끽할 수 있어 참으로 좋다.

배울 것도 많지만 무엇보다 즐거운 것은 새로운 친구들을 사귀고 함께 담소를 나눌 수 있다는 또 다른 즐거움도 있다. 그뿐만이 아니다. 우리 집은 계절 따라 감각을 달리한 기쁨을 연출해 준다. 봄이 오면 개나리 진달래가 만발하고 여름엔 산새들이 즐겁게 노래하며 다람쥐가 나무를 오르내리는 광경을 맞본다.

가을엔 단풍과 겨울엔 앙상한 나목에 눈꽃이 피어 눈을 부시게 한다. 도심 한 가운데에서 이렇게 사계절을 만끽할 수 있다는 즐거움 또한 나의 복이 아닌가한다.

그러던 어느 가을날 아침 일찍 일어나 창문을 열자 상쾌한 바람과 함께 금빛 찬란한 은행잎들이 흐드러지게 날고 있다. 불과 며칠 전만해도 금물을 칠해 놓은 듯한 은행나무들과 울긋불긋 옷을 갈아입은 나무들이 그림처럼 서 있더니만 오늘 아침엔 앙상한 가지만 남아 나뒹굴고 있다.

마치 '오헨리의 마지막 잎새'의 한 장면을 보는 듯하다.

갑작스런 변화에 당황한 나는 아내에게 물었다. 혹시 "아파트 경비원이 일부러 은행잎을 다 떨어뜨린 게 아냐?" 했더니 아내는 "당신도 참 멍한 소리만 하는군요" 한다. 잠시 아내의 말을 듣고 보니 일부러 떨어뜨린 것은 아닌 듯싶어 아무 말 없이 창밖만 쳐다보고 있었다.

아마도 어젯밤에 세찬 바람이 불었나 보다. 그 바람을 감지하지 못한 나의 둔감함을 어찌 탓하겠는가. 옛날 같으면 창문이 흔들리고 창호지를 바른 문풍지가 떨려 바람을 감지 할 수 있었을 터인데...

요즘엔 페어그라스 창을 한 아파트 생활이라 삶의 낭만을 맛보지 못한 것 같다. 그 아름답던 가을을 제대로 맛보지도 못하고 잔설이 내리는 겨울을 기다려야 하는가 보다.

전쟁과 추석

1953년 6.25전쟁이 한참인 때의 추석날 아침이었다.

육군 제56연대 제3대대는 산청군 시천면 원리에 있는 덕산초등학교에 대대본부를 두고 우리 10중대 각 소대는 동북쪽으로 4~5km 떨어진 산자락에 호를 파고 거점 방어에 임하고 있었다.

가을 하늘은 눈이 부시도록 찬란한 빛을 발하고 있었다.

시천면장과 이장, 그리고 몇 분의 주민들이 추석이라고 막걸리와 돼지고기를 지게에 지고 올라온다는 보고를 받았다. 전쟁 중이라 방어지역을 떠날 수 없어 밤낮으로 지역사수에 여념이 없는 우리 군인들의 사기를 위하여 베풀어준 관청의 호의였다.

그 당시 제2소대장을 맞고 있던 나는 22세의 나이에 소위 계급장를 달고 있었다. 그날은 해맑은 하늘에 바람도 시원하여 기분이 좋은 날이었음에도 불구하고 나의 마음은 왠지 우울하고 부모님 생각이 간절하였다. 추석 명절이라는 생각보다는 무언가 모르게 무슨 일이 일어날 것만 같은 예감이 들었다.

그리고 얼마 후 중대본부의 SCR무선통신기가 요란하게 울렸다. "호랑이, 호랑이, 호랑이 나와라 여기는 독수리 독수리다. 감 잡아라" 하는 것이다. "아, 독수리, 독수리 감 잡았다. 감 좋고 명도 좋다, 어서 보내라." 대대장과 중대장이 숨 가쁘게 교신을 한다.

우리 10중대는 지금 즉시 현 위치에서 8~9km 떨어진 동북쪽 고지까지 진출하여 공비의 퇴로를 차단하라는 작전 명령이었다. 우리의 적군인 공비부대는 의령에서 그들이 말하는 보급투쟁(약탈)을 끝내고 지리산으로 들어가려고 하니 퇴로를 차단하라는 내용이었다.

명령과 함께 나의 제2소대도 서둘러 판초 천막을 걷어 배낭을 꾸려 목표지점까지 강행군을 시작한다. 제1소대는 전위소대이며 3~4소대는 그 뒤를 따르고 2소대는 후위 소대로 일열 종대로 행군을 시작하였다. 제1, 3, 4소대는 위장 전술까지 갖추었으나 나의 2소대는 후위 소대였기에 위장까지는 하지 않았다. 갑작스런 명령에 따라 전투에 임하느라 면장과 주민들이 지고 온 음식(막걸리와 돼지고기)를 못 먹은 것을 애석해하는 몇몇 병사들의 투정도 섞여 나온다.

이렇게 우리 10중대는 명령대로 목표지점에 진출하여 공비출현을 대비하고 있었다. 대대본부에서 또 다시 작전지시가 내려졌다.

10중대는 A고지(산청군 삼장면 석남리 감수봉)까지 진출하여 고지를 점령하라는 명령이었다. 적은 이미 A고지를 선점하고 있었다. 적들은 우리의 공격에 맞서 간헐적으로 사격을 하며 버티고 있었다. 이러한 상황에서 본래의 10중대장(이 대위)은 추석 휴가로 부재중이었다.

그리하여 부대대장(윤 소령)이 임시로 중대를 지휘하고 있었다. 윤 소령은 제1소대와 3소대를 전개시켜 고지를 점령하라고 지시했으나 적들의 강력한 저항 때문에 올라가지 못하고 있었다. 그때였다. 윤 소령은 후미에 있는 제2소대를 호출하여 1소대와 3소대 사이를 연결하여 진격하라는 공격명령이 떨어졌다.

나는 소대원들을 집결시켜 1, 2, 3분대를 전개시키고 4분대는 엄호하도록 하는 소대 전투대형을 갖추고 진격하였다. 4분대인 화기분대가 자동BAR 자동소총을 쏘며 공격하나 암벽과 장애물에 걸려 별 효과를 얻을 수 없었다.

중대장 역시 권총을 쏘아대며 고지를 점령하라는 불같은 명령을 내리고 있으나 적들의 거센 반격에 속수무책이었다. 뿐만 아니라 적

군들은 갖은 욕설과 비아냥거림으로 우리 우군을 조롱하고 있었다. 참으로 분통이 터지는 일이었다.

나는 기지를 향해 위를 노려보며 낮은 포복으로 기어 올라가는데 20여m 전방의 억새풀 위로 고개를 내밀고 일어섰다가 그 자리에 주저앉는 것이었다. 기회를 놓칠세라 나는 칼빈 소총으로 그 곳을 향해 발사하였다. 그리고 신속하게 나의 위치를 변경하였다. 그러나 그 순간 나 자신도 모르게 으악 하는 비명소리를 내고 말았다. 적의 총에 의하여 나의 오른 손이 맞았던 것이다.

그리고 내 손으로부터 칼빈 소총은 떨어지고 나는 뒹굴어 언덕 밑으로 구르고 있었다. 만약 내가 총을 쏘았던 그 자리에 그대로 있었으면 아마도 적의 총탄에 숨을 거두었던지 깊은 상처를 입고 말았을 것이다.

중대의 화기소대에서 박격포 공격을 계속하지 공비들은 반대편 능선을 타고 도주하고 말았다. 이렇게 고지를 점령한 우리 부대는 제1소대의 박 일병의 복부관통상과 우리 소대의 조 일병의 흉부 관통상 그리고 나의 손가락 관통상의 피해를 입고 고지를 탈환하였던 것이다. 이후 조 일병은 후송되면서 소대장님 "날 좀 살려 주세요" 하며 내 손을 잡고 울부짖던 그 말이 지금도 내 귓가에서 맴돌고 있다. 그러나 그는 결국 후송 도중 순직하고 말았다.

6.25전쟁이 끝 난지 63년이 지난 지금에 와서 생각해 보니 어떤 교육이던지 열심히 받고 그것을 실천한다는 것은 자신의 운명을 바꾸는 길이 아닌가 하는 생각이 든다.

인생 85세의 이 나이에 양재노인종합복지관 문학반에서 정 교수님의 명강의를 듣고 지난날의 추억이 생각나 두서없는 난필로 내 생애 최초의 글을 써 본다. 이 글을 필두로 나의 추억들이 되살아나 내 인생의 행로를 점검하며 한편 한편의 글을 써 보고 싶다.

그것이 곧 나의 운명적인 행운이 아닐까! 기쁜 마음으로 유추해 본다.

가슴에 맴도는 그리움

서초구립양재노인종합복지관 사화집

지 은 이 | 강두원 외 10명
펴 낸 이 | 정찬우
펴 낸 곳 | 도서출판 밀레
주 소 | 서울 서초구 효령로 53길 18, 210호
(서초동 석탑오피스텔)
TEL : (02)588-4671~2
FAX : (02)588-4673

등 록 | 2004년 12월 15일 제2-4078호
발 행 일 | 2016년 10월 15일

값 12,000원
ISBN 978-89-97815-14-2